考古学基礎論
── 資料の見方・捉え方 ──

竹岡俊樹 著

雄山閣

はじめに

　考古学は非常に難しい学問である。これほど困難な学問は他にないだろう。

　研究対象は私たちと同じ人類ではあるが、旧人や原人は私たちと同じ肉体・脳を持っていないし、たとえ私たちと同じ新人でも、文化が異なれば彼らを理解することは容易ではない。

　このような対象を、彼らが残したもの（遺物や遺構）からどのようにして知ることができるのだろうか。

　越えなければならない壁はいくつも立ちはだかっている。

　一つは、ものを「見ること」である。簡単なように思われるが、これが旧石器時代研究の最大の難関で、私でも「石器が分かる」と自覚するまで、20年近くかかった。そしてそこから、見る主体（私たち）と対象（資料）との関係という認識論的なやっかいな問題が派生する。

　もう一つのさらに高い壁は、ものの意味を「捉える」ことである。

　ものの製作工程や技術、ものの物理的機能であれば、よく観察して分析すれば知ることができる。それゆえに、考古学においても自然科学的手法は発達した。しかし、問題はものに与えられた意味である。それは何を表わしているのか。これは、製作技術のように、そのもの自体を分析しても明らかにはならない。意味は当時の世界観の中で付与されているからである。

　この問題に、研究者たちはどのように対処してきたのだろうか。

　一つは、徒手空拳で、自分の想像力を働かせることである。本書でも色々な珍説を見るだろう。しかし、前述のように、彼らの行為は私たち現代人の想像をはるかに超えているだろう。

　もう一つは既成の理論、とりわけ欧米人の説をよりどころにすることで、考古学に限らず、日本の研究者の常套手段である。しかし、この方法にはいくつかの大きな問題がある。たとえ話をしよう。

　1974年、中岡俊哉は『恐怖の心霊写真集』（二見書房）を発刊して、いろいろな写真の中から「心霊」を見い出して見せた。しかし、その鑑定法はアメリカ、イギリス、ドイツなどの心霊科学者から学んだとし、さらに彼の「研究」

の前提である「心霊」の存在は、「ドイツのある科学グループの 1966 年の実験によって、霊魂の重さが 35 グラムであることが明らかになった」ことを根拠とする。

　彼は多くの追随者を生んだが、追随者たちには欧米の実験も鑑定法も、その是非についても知るすべがない（中岡自身もその是非は判断できないだろう）。この方法では研究者の判断の根拠はブラックボックスとなってしまう。

　では私たちはどうすればよいのだろうか。ものが当時の世界観の中で意味を付与されているのなら、その世界観のモデルを用意することである。縄文時代や弥生時代の世界観にできる限り近いモデル、少なくとも現代人の世界観ではない、検証可能なモデルを蓄積して実際の考古学資料の分析結果と照合すれば、徒手空拳で立ちむかうよりは過去の文化、それを創った彼らに到達できる可能性は大きいだろう。

　本書の目的は、認知・認識論を前提として、モデルを用いて考古学資料の意味を解くための方法を示すことにある。そして最後に、学史上の難問とされてきた、幾つかの問題を読み解く。解ければこの方法の有効性が証されることになるだろう。

考古学基礎論─資料の見方・捉え方─目次

はじめに …………………………………………………………………………… 1

第1章　見ることの問題………………………………………………………… 5
第1節　認知の誤謬…………………………………………………………… 7
　　A　人面石器 ……………………………………………………………… 7
　　B　芹沢長介の珪岩製前期旧石器 …………………………………… 9
　　C　理論考古学 ………………………………………………………… 11
　　D　石器を観察すること ………………………………………………12
　　E　比較すること─似ているということ ……………………………17
第2節　分類するということ ………………………………………………… 21
　　A　石器の分類 ………………………………………………………… 21
　　B　研究者の「器種分類」と旧石器時代人の「石器分類」………… 24
　　C　型式学について …………………………………………………… 29

第2章　進化・発展か、変容か ………………………………………………37
第1節　発展の論理……………………………………………………………37
第2節　私たちはどのようにして人間になったのか …………………… 43
第3節　接触による文化変容 …………………………………………………53
　　A　近世宝篋印塔の変容 ……………………………………………… 54
　　B　「国府系文化」の東進と「切出形石器文化」の成立 …………… 67
　　C　弥生文化の成立……………………………………………………… 68

第3章　「世界」のなかで、ものの意味を捉える ……………………………89
第1節　律令国家（論理・記号的世界）………………………………… 91
第2節　位相分類・魂・儀礼（象徴的世界1）………………………… 96
　　A　産婦の禁忌 ………………………………………………………… 97
　　B　葬送儀礼 ………………………………………………………… 100
　　C　殯と天蓋…………………………………………………………… 103
　　D　布と雲……………………………………………………………… 108

第3節　魂の諸相……………………………………………………………110

　　A　ものの魂―人とものとのつながり………………………………110

　　B　人の魂―死霊………………………………………………………116

第4節　神話を生きること（象徴的世界2）………………………………120

　　A　『往生要集』の世界………………………………………………120

　　B　ドゴン族の神話世界………………………………………………122

第4章　考古学資料をどのように解読するのか……………………………129

第1節　旧石器時代の「環状集落」…………………………………………129

第2節　縄文時代の「環状集落」……………………………………………136

第3節　縄文土偶………………………………………………………………149

第4節　銅　鐸…………………………………………………………………160

あとがき………………………………………………………………………177

索　　引………………………………………………………………………179

第1章　見ることの問題

〈認知・認識・ことば〉

　ものを見てそれと分かる。分かるのは、それの主要な属性（「視覚概念」と呼ぶ）をとらえて、他のものと区別しているからである。つまり、見て分かるという過程は私たちがすでに分類・整理したものを追認する作業である。この視覚概念に符牒をつけたものが「名前」である。

　視覚概念は人間だけが持っているものではない。例えば、カエルはその生態から、蚊や小昆虫、あるいは蛇に遭遇してそれと分かる[1]。もちろん名前は付けてはいない。彼らの視覚概念は生得的なものであるが、人間の場合、それを文化的に学習によって、あるいは個人の努力によって形成する。私たちは森羅万象についての視覚概念―名前を持ち、それが私たちの世界を構成している。カエルの例からも、視覚概念は名前に従属するものではなく、名前に先行するものであることが分かる。

　この、ものを見てそれと分かること（符牒としての名前を含めておく）が「認知」である。

　さて、あなたは、それを「イス」と認知する。ついでそのイスに近づいて観察する。そして、それがいつごろ、どこで作られたものか、素材は何で、背もたれの絵は何を意味するのかなどを判断する。これが、そのイスを「認識」することである。正確に認識するためには、知識や分析が必要とされる。

　私たちには、さらにもう１つのものの見方がある。それを感性的にとらえることである。このイスは渋いとか美しい、豪華だというような、感想である。感性的にとらえたことはことばによって表現したり、伝えることは難しいが[注1]、伝統的な美意識には、学習によって得られる明確なランクがある。

　次に名前〈ことば〉について述べておこう。今度はイヌである。ただイヌと発音しても、視覚概念と同じくらいのばくぜんとした内容しか持たない（「聴覚概念」と呼ぶ）。たとえば、しりとりを考えてみよう。ウンカ―カジカ―カモイ―イヌ…。それぞれの名前は単なる音の羅列のように聞こえるが、変な言

第1章　見ることの問題

葉を言うと、「そんなことばはない」、とか「××ってなんだよ」と反論される
ように、それでも薄い意味を持っている（これが聴覚概念である）。問題が発生
すると、相手に辞書的な説明をすることになる。

　イヌということばが本当の意味を持つのは、そのことばが実際に用いられて
いる現場においてである。私たちがイヌについて持っている情報は厖大だろう。
自然科学的イヌ、イヌの歴史、自分ちのポメラニアンのジョニー、いつも吠え
ている隣のポチ、スヌーピー、羊のショーンのビッキー…。イヌという聴覚
概念自体が具体的にはなにも意味しないことによって、その場の状況に応じて
社会的、科学的、個人的な多様な情報を引き出すことができる。

　そして、ことばはしばしばイメージを伴う。私にとってイヌということばは
昔飼っていたスピッツのジョンを思い出させ、同じころ飼っていたハーという
猫と庭で取っ組み合いの遊びをしていたこと、そこから牡丹や芍薬の咲く庭の
風景を思い出させ、それは私に独特の感情を呼び起こす。つまり、ことばは連
想の媒体としても機能する(注2)。私たちはことばを持つことによって色々な世
界へ行くことができる。さらに、心の中で、あるいは口に出して呼ぶ恋しい人
の名前は、その人に届く呪文のようである。

（注1）宗左近は李朝の18世紀の白磁の大壺について次のように述べる。「この作
　　　品の器肌は、…秋の空と湖が溶けあって光っているという感じがする。澄んだ
　　　青みが冴えざえと流れている。
　　　　次第に夜の近まる部屋のなかにおくと、器肌のふくむ青さのためか、いちは
　　　やくこの大壺が夕暮れの暗さを水のように吸ってほのかな菫色になる。その折
　　　りを見はからって、やわらかい灯りをともす。すると、それまで吸いこんだ暗さ
　　　を淡いひなげしの花の紫色にかえて吐き出しながら、白い明るさの心の球体とな
　　　る。やはり、そこに降りてきている月、という思いを拭いきれない…。」(2)
　　　　白磁の壺を感性によってとらえ、それを詩人は別のイメージに置き換えて言
　　　葉によっ表現する。この壺は物理的機能のために造られたものであるが、感性
　　　的な美しさや豪華さが意図的に作られる場合を「装飾」という。

（注2）ものによる連想作用の例を示す。
　　　　「通信隊に連行された私は、そのまま憲兵隊に引き渡された。憲兵隊は私か中
　　　国共岸党の軍隊と内通し、その報酬を受けて軍通信を妨害した、と決めこんで
　　　背後関係を追及した。全く身におぼえのないことである。凄ましい拷問が数日
　　　続いた。…やっと釈放された私は、そのまま現場の宿舎に戻った。布団をのべ
　　　て横たわった体は傷だらけで、いたる所に血がにじみ赤黒く腫れ上がっていた。

受けた打撲の痛みで身動きも出来ない。ほろ屑のような体を支えている布団を見て、私の胸は一気にこみあげ、両眼からはとめどもなく涙が溢れた。敷布団は久留米絣の幾何模様で、母が出発に際し、今まで使っていたものを仕立て直してくれたものであった．敷布団は出郷してからの2年近い年月を一気に縮め、平和で団欒に満ちていた頃を思い出させた。父や母、兄や弟、それに連なる海や川、多くの友や村の人々、それらのことが次から次に甦り、その中に埋没していった[3]。」

　これは個人的な連想である。それが集団で共有されたものが「象徴」である。

［参考文献］
1　渡辺　慧 1978『認識とパタン』岩波新書　岩波書店
2　宗　左近 1986『私の韓国陶磁遍歴』新潮選書　新潮社
3　堀切辰一 1991「庶民裂の心をたずねて」『小さな蕾』No.275　創樹社

第1節　認知の誤謬

　本書は考古学資料を見ること（認知する）と捉えること（認識する）をテーマとしている。

　まず、「認知すること」から始めよう。対象は石器である。2000年に前期旧石器捏造事件が起こった。他の領域の研究者がこの事件を理解することが困難だった第1の理由は、問題が石器を「認知すること」にあったからである[1]。

　まず、考古学ではない「石器研究」を例にとって認知の問題を考えてみよう。

A　人面石器

　左腕をピンと伸ばして手のなかの石を後方に45度傾け、眼を細めてすかし見るようにしながら黒川英三は言った。

　「ほら、見えるでしょ。ここ、眼、鼻、口。ほら、また眼、鼻、口…」。石の角やシワがうすい光の中で不規則な陰影を作っているだけである。

　黒川の「人面石器」コレクションは25年間に新橋や虎の門、田園調布などの住宅街や離踏の中で採取したもので、総数9770点にのぼり、それを型式、形状、工法と呼ぶ3重の基準によって分類している（第1図）。

　型式とは「見え方」による分類で次の4つを含む7つの型がある。

① 連続囲繞型——先ず その礫の稜線に目鼻口を刻み、次の人面は先の人面の口を次の眼の片方とする。そしてそれらを起点に石の表面に人面を次々と展開してゆく。

第1図　黒川英三採取・実測の「人面石器」

② 段列型——眼鼻口があるとすると…最初の眼が次の顔の目になる。そして顔を展開してゆく。
③ 眇視型（凝視型）——ただ見ただけではわからないが、透かして見ることによって見えるもの。
④ 象形型——ぼんやりと全体的に顔と把握されるもの。

次の「形状」とは石そのものの輪郭や形態で、三角、棒状、平板などの8つの項目に分類されている。

そして「工法」とは黒川によれば製作技術に基づく分類で、次のような項目を含む12の技術に分かたれる。

　イ　点描——線が続いていないもの。
　ロ　陰刻——細くつついて点描。
　ハ　押圧——ぎゅっと押して凹凸をつける。
　ニ　穿彫——ナタでばっと割ったように。
　ホ　毛彫——虫眼鏡で見れば分かるような小さな顔。

1個の「人面石器」は7種類の型式の内のいずれか、8種類の形状の内のいずれか、そして12種類の工法の内のいずれかに分類される。これが黒川が辿りついた「人面石器」研究の結果である。そうして、黒川は彫りにルール（型式）が見られるから「人面石器」は縄文人が製作した、と言う。そして、彼らが命の短さをはかなんで各地に撒いたのであると。

一見科学的であるが、「型式」分類をみると、それが黒川にとってどのように見えるか、ということを基準としていることが分かる。

また陰刻（細くつついて点描）、押圧（ぎゅっと押して凹凸をつける）、穿彫（ナタでばっと割ったように）などの工法も「そのように見える」ということで、具体的な加工技術に基づく分類ではない。ぎゅっと押して凹凸をつけることも、「虫眼鏡で見れば分かるような小さな顔」を製作することも縄文人にはできなかった。

黒川は膨大な自然石の中から独特の観点で「人面石器」を採取し、それを見つづけて頭の中に複雑な「人面石器」の認知システムを形成した。そして、「見えるものは実在する」という確信をテコとして、自分の頭の中に形成された認知のルールを対象自体が持つルールへと移しかえるに到った。

考古学研究者はこの「研究」を考古学とは認めないだろう。なぜなら、それが発掘資料ではないからである。

B　芹沢長介の珪岩製前期旧石器

1964年、大分県早水台遺跡の調査に参加した芹沢長介は、基盤の上から今までに見たことがないような形をした石器らしいものを発見し、それを人工の石器と判断した。

> 私は第5層出上の石英脈岩製石器を仙台の東北大学まで持ち帰り、研究室の机の上に置いて毎日それらを手にとり、強い電燈の光を当ててみたり、ルーペで細部を調べてみたりした。時間が経過するにつれて、初対面のために馴染みきれなかったそれらの資料の特色がだんだんわかるようになり、約1ヵ月後には、第5層出土資料は疑いなく人間の手によって作られた石器である、という確信が持てるほどになった[2]。

そして、再び早水台遺跡を発掘して425点の石英脈岩製の「石器」を採取し、それらは中国の周口店文化（30～40万年前とされていた）の石器と石材や形状が共通するとして、北京原人の文化の系統をひくと主張した。

芹沢はさらに、1965年から78年までに栃木県星野遺跡で15回の発掘を行なって、地表下約14mの砂礫層にまで達する。13枚の旧石器時代文化層からは多量の珪岩製（チャート）の「石器」が出土し、最下層の第13文化層は8～10万年前の可能性があるとした（動物の足跡や住居址も発見した）[3]。

こうして芹沢は北関東地方で珪岩製前期旧石器の探索を推し進め、1968年

第1章　見ることの問題

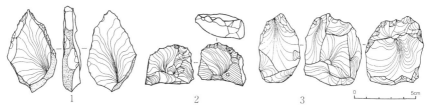

第2図　「珪岩製前期旧石器」(1：栃木県下富士、2：同大久保、3：同後山)
芹沢は1を尖頭石器、2・3をチョッピングツールと分類する[4]。

には遺跡の数は14か所に上った（第2図）[4]。

　芹沢によれば早水台遺跡の「石器」は、旧ソビエトの考古学者オクラドニコフや旧石器研究者ラリチェフ、ノボシビルスク大学の学長A・P・デレビヤンコが人工品であると認めたという。しかし、1967年に杉原荘介は、早水台遺跡、星野遺跡（第5文化層以下）などの資料の中には人工品は認められないと批判した[5]。

　それに対して1971年芹沢は、J・M・コールスの説を根拠として、それらの「石器」が人工品であることを主張する。その説によれば、遺物が人工品として認められるためには、次の条件を満たさなければならないとする[6]。
① ひとつのセットおよび一定のパターンを形成していること。
② 住居址や石器製作址など人間活動の痕と共存すること。
③ 石器にはたがいに直交する2方向もしくは3方向からの剝離痕が認められること。

　それに対する地質学者の新井房夫などからの批判に対して[7]、芹沢は新たにA・S・バーンズの方法を根拠としてあげる[8]。

　それは、自然破砕のフリントの縁辺は90度以上の角度を持つもの（鈍角剝離と呼ぶ）が50〜70％であるのに対して、人工品と認められる資料の場合は20％以下であるという分析で、この方法によって人工か自然かの判別のつかなかったエオリス（主に第三紀の「石器」）について測定したところ、鈍角剝離が40〜70％を占め、自然物と判明したとする。

　しかし、コールズやバーンズの「理論」が芹沢の「前期旧石器」に適応できるか否か、また、彼らの「理論」が正しいか否かは、彼らが用いた資料を再分析しなければ分からない。

第1節 認知の誤謬

それ以降、芹沢はコールズやバーンズの説を根拠に自らが発掘した「前期旧石器」を人工品であると主張し続け、事態は膠着し[9]、その状況の中から、藤村新一の「前期旧石器」が出現することになる。

C 理論考古学

安斎正人はアメリカのニューアーケオロジーの影響の下に、旧石器時代研究も進化論をパラダイムとして、生態学と史的唯物論をアプローチとする、社会・経済的解釈に進むべきであると主張し、そのためには「系統的個体識別法」が有効であるとした。

安斎はこの方法によって、中期旧石器時代の石器群（主に藤村新一による捏造）に見られる、製作技術や形状が多様な貝殻状や台形の小形剝片を一括して、機能が同じ「素刃石器」と捉え、それが「台形様石器」と「初期ナイフ形石器」へと進化したと考えた[10]。

そして佐藤宏之は「台形様石器」（第3図）を提唱して、安斎と同じように、その素材や、二次加工の有無とその位置、そして形状のいずれもが多様で、その多様性は「機能の充足」を第一義とすることによるものであると考えた。そして「系統的個体識別法」によって、後期旧石器時代の「台形様石器」の系譜は中期旧石器時代の馬場壇Aや座散乱木（いずれも藤村による捏造遺跡）の「素刃石器」にたどれ、両者は同じ機能を持つとした[11]。

しかし、素材や二次加工、形状が多様であれば、研究者はそれを1種類の石器として認定することができない。さらに、「素刃石器」や「台形様石器」が「機能の充足を第一義として用途に即応した多様の形状をとる」、と判断するためには、「素刃石器」や「台

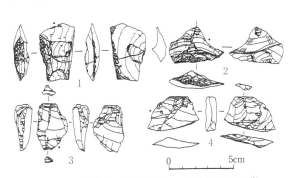

第3図 東京都武蔵台遺跡の「台形様石器」[1]
佐藤は●の部分を刃部に見立てるが、1：台形様石器、2：両面加工石器製作時の剝片、3：打面部分の砕けた剝片、4：折れた剝片で、二次加工痕を持つのは1だけである。

11

第1章　見ることの問題

形様石器」の機能をあらかじめ知っていなくてはならない。しかし、多様な製作工程と形状や素材を持つ石器の機能を私たちがあらかじめ知ることは論理的に不可能である。

安斎は「技術論を脱して」と主張し、佐藤は「技術論への偏重は、バランスのとれた考古現象の合理的理解に至るのを困難にするに違いない」と述べるが、彼らが否定する技術論＝分析こそが科学なのである。

発掘資料ではあるが、これらの研究は黒川の「研究」と同じ問題を抱えていることが分かる。

それは、発掘された多様な資料の中から分析を行なわずに自分の観点で「石器」を選別し分類していることである。その結果、誤った認知システムが形成されて、幻の「前期旧石器」や「素刃石器」・「台形様石器」が「実在」することになった。

D　石器を観察すること

芹沢は早水台の「石器」を1か月もルーペでのぞいて何を見ていたのだろうか。石器はどのように見るのか、具体的に述べる。

〈愛知県新城市加生沢遺跡〉[12]

1965年にリス氷期（およそ15万年前）とされる地層から、領家片麻岩や流紋岩を素材とした「石器」が多数出土した。「理論考古学」派などの研究者に人工の石器として認められているいくつかの資料をみてみよう（第4図）。

1：尖頭石器あるいは尖頭チョッパーのような形状の資料である。左辺の面a（1B）は打点のない自然の平坦面で、それを切る面bにも加撃による打点は見られない。左辺下半部は玉ねぎ状の自然の剝落面に被われている。右辺全体は、打点部分がつぶれた2方向の稜上剝離によって形成され、その多くは鈍角剝離（90度以上）である。この右辺の剝離痕eは左辺の面a・bより風化が新しい。したがって、尖頭石器状の形態は風化作用と転磨によって長期間をかけて形成されたものである。

2：底面と背面側からの剝離によって尖頭部が形成されたようにみえる資料である。面a・b・c（2B）が「石器」を構成する主要な剝離痕であるが、面b・

第1節 認知の誤謬

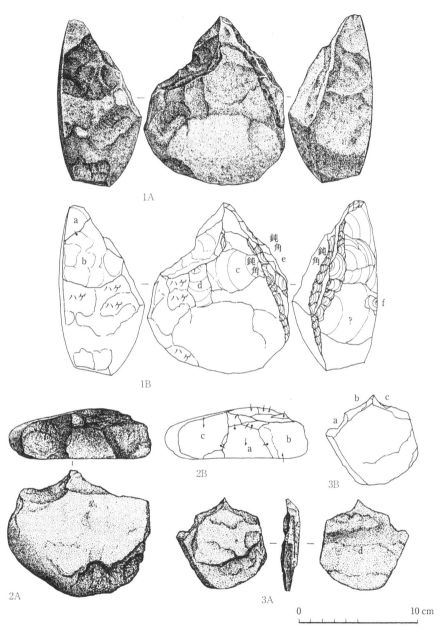

第4図　愛知県加生沢遺跡の「石器」[12][13]

第1章　見ることの問題

cは面aより風化が新しい。この尖頭石器状の形状も1と同じように転磨によって偶発的に生まれたものである。

　3：大きな3枚の剥離面（3Bのa〜c）によって先端を形成された尖頭石器のような資料であるが、面a〜cには打点が見られず、剥がれたような平坦面d（3A右）が面a〜cを切る（つまり、dはa〜cを持つ礫から剥落した面）。したがって、尖頭部は自然現象によって偶発的に生まれたものである。

　このように面を1枚ずつ観察していくと、加生沢遺跡の領家片麻岩を主な石材とする「大形石器」は、多様な自然現象の結果であることが分かる[13]。

〈東京都国分寺市多摩蘭坂遺跡第8地点第1文化層〉

　後期旧石器時代初期の立川ロームXb層中に生活面を持つと考えられる石器群で、A区はチャートを主な石材とした339点の資料からなる（第5図）[14]。

　1〜5は「台形様石器」と分類されている資料で、1は「両側縁に平坦剥離が見られる」とされるが、正面の剥離痕のうち、打点を持つものはaだけで、これは、二次加工痕のない節理片である。2も「台形様」を呈するが、剥離痕はaだけで、これも意図的な加工とは認められない。3は「両側縁が切断されている」と記述されているが、二次加工痕はまったく見られない。aは最近の剥離痕である。4は点線部分に不規則な小剥離痕が見られる。5は1と同じような節理片で、ともに二次加工痕は見られない。6・7は「錐形石器」と分類されているが、二次加工痕は見られず、点線部分に不規則な剥離痕が見られる。

　佐藤宏之が提唱した「台形様石器」が研究者たちに受け入れられて、各地で

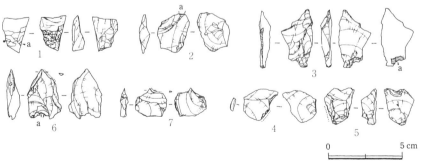

第5図　東京都多摩蘭坂遺跡第8地点第1文化層A区の「石器」[14][13]

このような「台形様石器」探しが行なわれた[13]。命名とともに幻が「実体化」したのである。

〈埼玉県秩父市小鹿坂〉

藤村新一によって捏造され、層位に基づいて、50万年前とされていた「前期旧石器時代遺跡」の石器である（第6図）[15]。

1・3・4の主要剝離面は人工ではなく自然による剝落面、周辺および稜上の小剝離痕は不規則（「不」で示す）で、地表面での転磨によるものである。

6・7の剝片そのものは人工と考えられるが、周辺部の小剝離痕は地表での転磨によるものである。したがって、これらの「石器」は地表で拾われたものである。

2・5・8・9には押圧剝離による剝離痕（アミ目）が見られるが、5や8に代表される技術は縄文時代のもので、前期旧石器時代には見られない。石鏃およびその製作途上の石器である。

図中の番号の横の記述は出土した場所を示しているが、多くの資料が埋納遺構や土壙（墓穴と考えられていた）、生活遺構（住居址状の遺構）から出土してい

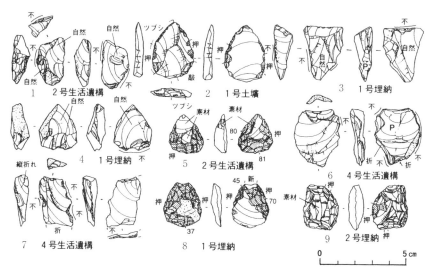

第6図　埼玉県小鹿坂の「石器」[15]

る。偽石器や地表面で転がっていた石器や剝片が遺構から出土することは考えられない[16]。

このように石器を観察することができれば、遺跡の捏造も明らかだったはずである。

〈どのように石器を見るのか〉

石器が分かるとは、たとえば「尖頭器」と「ナイフ形石器」の違いが分かるというようなことではなく、石器を構成する1枚1枚の剝離面の成因と技術が分かるということである。そのための最も効率の良い方法は、実際にハンマーストンで石を割り、剝離面を観察することである。この作業によって打点部分の砕けや打点からのフィッシャー、バルブの凹面、剝離面のカーブ、リングとフィッシャーの様子などを覚える。この作業を条件を変えながら繰り返すことによって、ハンマーストンを用いた直接打撃で生じる剝離面の一般的な特徴が分かるようになり、自然による破砕面(偽石器)と識別することができる。

つぎに、石器を観察していると、ハンマーストンによる直接打撃によっては作ることができない剝離面を見出すことがある。それが押圧剝離技術、ソフトハンマーによる直接打撃による剝離技術、そして間接打撃による剝離面である。剝離技術によって生じる剝離面の様相が異なるから、よく観察すれば用いられた技術を判断することができる(第7図)。

たとえば、尖頭器と呼ばれる石器は文化によって用いられている剝離技術が異なるから、技術を捉えることによって、どのような文化に属するのかを特定することができる[16]。

この剝離という現象は物理的因果関係によって生じるから、地球上のどこで行なわれても、いつ行なわれても同じである。自然科学的現象であるか

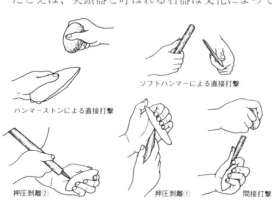

第7図　剝離技術の種類

ら実験が成り立つ。

　旧石器時代研究とは本当に困難な作業である。剝離面の属性や剝離技術が「見て分かる」ことが研究の前提であるが、石器を見る教育がなされない日本では、個人的な長い修練を必要とする（一生分からない研究者が多い）。石器の認定は１か月もルーペでのぞいて行なうものではなく、修練の結果、ひよこの雄と雌とを分別するように、瞬時に行なうものである。

〈どのようにして客観性を得るのか〉

　石器研究でもう１つ必要なことは、石器を観察して「見たこと」をできる限り客観的に記述することである。

　この領域については、パリの人類博物館で行なわれていたアンリ・ド・リュムレイの方法が最も参考になるだろう[17]。

　剝片石器の場合は剝片剝離軸（打撃の衝撃波の中心）を基準として、打面側を手前に、主要剝離面を底面にして方眼紙の上に置き、石器の周りを左下を起点に24に分かち、石器を構成する面（人工の剝離面も自然面も）をすべて台帳（属性の分類表：カバー参照）に基づいて記述する。たとえば、剝離面の角度や断面形態、打点部分の様相、バルブの大きさや広がり、縁辺が鋸歯状か否かなどをカードに記入し、先生と学生たちで議論しながらそれを修正する。こうして、石器を構成する面全部が分類され記号化された時、つまり石器を見るというアナログ的な作業をデジタル化することによって、石器の基礎資料ができ上がる。この作業には、①世界各地から来た学生に石器を記述する同じ基準とコミュニケーションのツールを与えることができる。②記号化・数値化することによって始めて分析作業が可能になる。③石器を構成する面をすべて観察することによって、見る力が格段に向上する、④自分の見る力の程度を客観的に判断することができる、という利点がある。そして、前期旧石器時代の石器はこのような分析的な方法でしか捉えることができない[18]。前期旧石器捏造事件の後、日本でも石器を見る勉強会を行なうことを何度か提案したが実現しなかった。

　E　比較すること─似ているということ

　距離が離れた遺跡から出土した遺物が似ている、似ていないという比較は伝

第1章　見ることの問題

播論・系統論の基礎となるが、大きな問題をかかえている。

〈山内清男と佐藤達夫の作業〉

1949年に岩宿遺跡は沖積世の所産で、旧石器時代ではないと主張していた山内清男は弟子の佐藤達夫とともに1962年から石器の形状を根拠として再び同じ主張を始める。

彼らは「旧石器時代」と「無土器文化」とを分け、「旧石器時代」に属する遺跡として群馬県不二山遺跡・権現山Ⅰ遺跡、そして大分県丹生遺跡をあげ、丹生遺跡の礫器はジャワのパジタニアンに類似し、さらに、この遺跡には石核の打撃面上の稜を打って剝片を取る技術が認められるが、これは周口店文化に共通する特徴である。また権現山Ⅰ遺跡は東南アジアの上部洪積世の文化と系統的関係を持つとする。

一方、群馬県岩宿Ⅰ文化や栃木県磯山遺跡・長野県茶臼山遺跡などで刃部を研磨した局部磨製斧形石器が見られることについて、旧石器時代は打製石器の時代で、骨角器は磨いて作ったが磨製石器は無い。したがって無土器文化は磨製石器の時代、すなわち新石器時代であるとして、これらの斧形石器がインドネシア方面のホアビニアンの石器と類似することから、日本の局部磨製斧形石器を持つ文化の時代の上限をB.C.5000年ころと推定する。

そして、日本の無土器文化の打製石器は、B.C.4500～0年と想定されている南セレベスのトアリアンに類似することなどを根拠として、日本の無土器文化はすべて新石器時代に属すると結論する[19]。

さらに、縄文時代草創期（旧石器時代末期）の青森県長者久保遺跡から出土した円ノミ形石器は旧ソ連のオクラドニコフ博士によるバイカル地方新石器時代編年の第2期のイサコヴォ期の円ノミ形石器に酷似しているとして、その年代から、長者久保遺跡を紀元前3000年頃と推定し、この年代観を基準として、明治大学が発掘した神奈川県夏島貝塚で出土したカキの貝殻と木炭の放射性炭素（^{14}C）による測定値、約9000年前とという縄文時代早期の年代は、「はなはだ信憑性に乏しい」と結論する[20]。

山内と佐藤が日本の遺跡の年代を決定する基本的な方法をまとめると、A遺跡（日本）の石器と類似する石器をB遺跡（外国）で見い出して、B遺跡の

第 1 節　認知の誤謬

年代と系統を A 遺跡に当てはめる（安斎の言う「系統的個体識別法」）。そして、B 遺跡の年代はオクラドニコフなど外国の研究者の説を根拠とする。

しかし、比較する両者が「似ている」という判断には客観性がなく、また、山内等が比較の基準とする諸外国の編年や年代がどれほどの信憑性を持つものか、今日に到ってもなお疑問である。

さらに、比較に際しては、石器群の中から円ノミ形石器という特定の石器だけを選ぶのではなく、石器群全体を比較しなければ、両者の文化的な関係を捉えることはできない。たとえば山内が比較の対象とするイサコヴォ期の円ノミ形石器は石鏃や土器が伴うのに対して長者久保遺跡にはそれらが見られないことは、両者の文化の基本的な違いを示している[21]。

〈杉久保系文化の比較〉

では、どのような場合なら、遺跡間に文化的なつながりがあると判断できるのだろうか。第 8 図の 2 つの遺跡は、間接打撃による石刃技法を剥片剥離技法

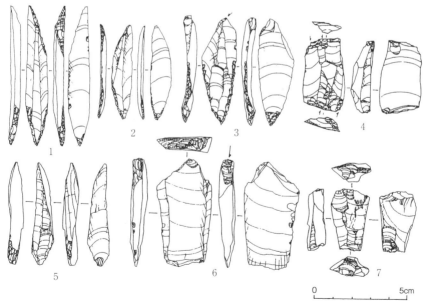

第8図　杉久保系文化の石器群
1～4：新潟県樽口遺跡B-KU文化層[22]、5～7：大分県前田Ⅲ遺跡[23]

第1章　見ることの問題

とし、石刃を素材とした基部加工石刃あるいは先端・基部加工石刃（1・2・5；「杉久保系ナイフ形石器」と呼ぶ）、そして、特徴的な「神山系彫器」（3・6）を持っている。石器製作工程全体の形、剝片剝離技法、石器の組成が同じであることから（第10図）、地理的には離れているが、両遺跡は同じ杉久保系文化に属する可能性が強いと判断される。東北地方を中心に分布していたこの文化が移動して九州南部に到ったのだろう[24]。

［参考文献］

1　竹岡俊樹 2014『考古学崩壊』勉誠出版

2　芹沢長介 1982『日本旧石器時代』岩波新書　岩波書店

3　芹沢長介編 1970『星野遺跡　第3次発掘調査報告』ニュー・サイエンス社

4　芹沢長介 1968『珪岩製旧石器群と古東京湾』〈日本文化研究所研究報告第四集〉

5　杉原荘介 1967「"SUGIHARA'S HYPOTHESIS" を破ってほしい」『考古学ジャーナル』8　ニュー・サイエンス社

6　芹沢長介 1971「前期旧石器に関する諸問題」『第四紀研究』第10巻第4号〈日本旧石器特集号〉日本第四紀学会

7　新井房夫 1971「芹沢論文に対する論評 」『第四紀研究』第10巻第4号〈日本旧石器特集号〉日本第四紀学会

　　新井房夫　1971「北関東ロームと石器包含層—とくに前期旧石器文化層の諸問題」『第四紀研究』第10巻第4号〈日本旧石器特集号〉日本第四紀学会

8　芹沢長介 1971「新井論文に対する論評」『第四紀研究』第10巻第4号〈日本旧石器特集号〉日本第四紀学会

9　芹沢長介 1973「石器と自然石」『社会科学の方法』6－3　お茶の水書房

　　芹沢長介 1974「石器と自然石」『古代史発掘1　最古の狩人たち　旧石器時代』講談社

10　安斎正人 1994『理論考古学—モノからコトへ—』柏書房

11　佐藤宏之 1992『日本旧石器文化の構造と進化』柏書房

12　加生沢遺跡調査会 1968『愛知県加生沢旧石器時代遺跡』言文社

13　竹岡俊樹 2007「第九章旧石器時代研究の再出発のために—石器の観察と整理の方法—」『現代の考古学1—現代社会の考古学』朝倉書店

14　国分寺市遺跡調査会 2003『多摩蘭坂遺跡Ⅳ』

15　埼玉県教育委員会 2002『埼玉県前期旧石器問題検討報告書』

16　竹岡俊樹 2013『旧石器時代文化研究法』勉誠出版

17 竹岡俊樹 1991「フランス型式学の現状」『考古学ジャーナル』337　ニュー・サイエンス社

18 竹岡俊樹 2005『前期旧石器時代の型式学』学生社

19 山内清男・佐藤達夫 1962「縄文土器の古さ」『科学読売』112 巻 13 号　読売新聞社

山内清男・佐藤達夫 1964「日本先史時代概説（Ⅰ旧石器時代・Ⅱ無土器文化）」『日本原始美術第一巻』　講談社

20 山内清男・佐藤達夫 1967「下北の無土器文化　長者久保遺跡発掘報告」『下北―自然・文化・社会―』平凡社

21 竹岡俊樹 2011「日本の旧石器時代研究史」『國學院大學考古学資料館紀要』第 27 輯

22 新潟県朝日村教育委員会 1996『樽口遺跡』〈朝日村文化財報告書第 11 集〉

23 直入町教育委員会 1989『横枕 B 遺跡・前田遺跡』

24 竹岡俊樹 2002『図説日本列島旧石器時代史』勉誠出版

竹岡俊樹　2011『旧石器時代人の歴史― アフリカから日本列島へ―』（メチエ選書）講談社

第 2 節　分類するということ

A　石器の分類

〈宇宙人による動物分類〉

　宇宙人が地球にやってきて、多種多様な動物を見て、それを整理することを想定してみよう。彼らは分類の基準として、外見的に最も目に付く、足の数・体毛の有無・尾の有無の 3 つを設ける。この基準で分布調査に出かければ、地球上に存在する動物は一応すべて分類することができる。

　いくつかの分類項目を見てみよう。

　① 足がなく、体毛がなく、尾がない類→ナメクジ・ナマコ・アメーバー

　② 足が 2 本で、体毛があり、尾がある類 →トリ・コウモリ・カンガルー

　③ 足が 4 本で、体毛がなく、尾がある類→とかげ・いもり・おたまじゃくし

　④ 足が多く、体毛がなく、尾がない類→ムカデ・クラゲ・イモムシ

　そして、各項目はさらに、くちばしや耳の有無、毛の色などによって細分していくことができる。しかし、この分類表をいくら細分しても、現行の私たち

第 1 章　見ることの問題

の動物分類の哺乳類にも霊長類にも到達することは無い。

　当然のこととはいえ、どれほど明確に定義したとしても、それが研究者による恣意的な分類である限り、分類項目の内容は研究者によって定義された以上のものを含まない。この観点から、石器の分類について考えてみよう[1]。

〈石器の分類〉

　岩宿遺跡の発掘以来、全国的な調査の進展とともに、ナイフ形石器、切出形石器、尖頭器、掻器、削器、彫器などを項目とする石器分類表が作られて、多様な石器を整理するための「認知表」になった。研究者は頭の中に叩き込まれたこの分類表に基づいて資料を見て分類し、それが文化的実体のように扱われてきた。それは、「ナイフ形石器文化」や「尖頭器文化」などという言葉からも明らかである（p.37 参照）。

　その状況に対して山中一郎は新たな分類表を提出した[2]。

　山中は、技術を基準として分類して、「同一グループ内のものは同一の技術的特徴をもち、異なるグループに属する石器間には一定の技術的差異が認められる」とし、このようにして設定する石器のグループを、石器型式（以下、用語の混乱を防ぐために、「器種」と言い換える）とした。

　そして、遺跡から発見される資料は、このような器種が集まった道具箱と見なすことができ、この道具箱の比較によって「社会的伝統などに関する豊富な知識を得ることになる」と考えた。

　山中の分類は第 9 図（ゴチック。○印は山中によって標準遺物とされるもの）のようで、私の技術に基づく分類（明朝体：後述[3]）とは大きくずれている。製作技術を基準としながら、どうしてこれほど両者の分類は異なるのだろうか。

　両者の分類がとりわけずれるいくつかの項目について、山中による定義をみてみよう。

　「背つき石器」（第 9 図①〜 3）：この器種は、その一縁が背部整形されている石器である。

　「基部整形背つき尖頭器」（④・5）：この器種は、背つき尖頭器の中で基部が両縁とも整形されている石器である。

　「両端切りとり石器」（⑥〜 8）：この器種は、素材の両端が極厚形細部調整

22

第2節　分類するということ

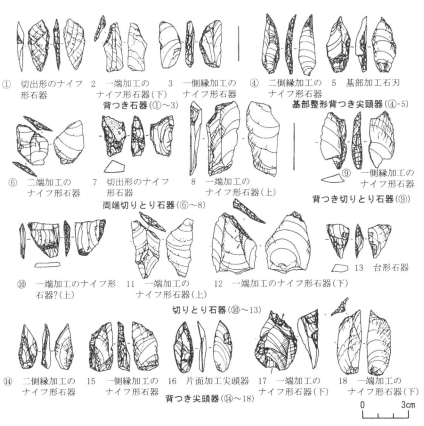

第9図　山中一郎による分類（ゴチック）と竹岡による分類（明朝：第12図参照）[3]

によって切りとられている石器である。

「背つき切りとり石器」（⑨）：この器種は、一端あるいは両端が極厚形細部調整によって切りとられ、しかも一縁に刃つぶしが認められる石器である。切りとりと刃つぶしとは連続せず、一端で交わる。

「切りとり石器」（⑩〜13）：この器種は、素材の一端が極厚形細部調整によって切りとられている石器である。

「背つき尖頭器」（⑭〜18）：この器種は、素材の一縁が背部整形され、しかも一縁部に尖った刃部を持つように整形されている石器である。

山中の器種分類には、a「切りとり」と「刃つぶし」の有無と、b先端が尖

第1章　見ることの問題

るか否か、が重要な属性とされていることが分かる。そして、a「切りとり」
と「刃つぶし」はともに山中の言う「極厚形深形細部調整」を用い、一方は器
形の整形、他方は背部の整形という目的の違いによって区別されている。

　しかし、たとえば「背つき石器」2と「切りとり石器」12との区別が困難な
ことが示すように、この属性を分類の鍵とすることには客観性がない。

　もう1つの属性の、b尖るか否かも研究者の判断に任される属性である。た
とえば多くの研究者は「背つき尖頭器」15や17と、⑭や16とが同じように
尖っているとは思わないだろう。

　そして最大の問題は、このa（「切りとり」か「刃つぶし」か）・b（尖るか否か）
という分別することが困難な属性が石器分類の基準となることで、石器の構成
に関わるより客観性のある属性、たとえば辺が加工されているか否かや、加工
されている辺と加工されていない刃部との位置関係、などが見過ごされている
ことである。

　山中の分類は研究者が自分の観点でどのように資料を整理するか、というこ
とを実践した典型的なものである。その点では上述の動物分類に似ている。問
題は、この分類で山中のいう「社会的伝統」という実体を捉えることができる
のか否か、ということである。

B　研究者の「器種分類」と旧石器時代人の「石器の分類」

　研究者が資料整理のために作った分類が「器種分類」である。それは多様な
石器を整理し、研究者同士のコミュニケーションには役立つかもしれない。し
かし、この学問の目的は、私たち自身がどのように分類し理解するか、という
研究者の認識活動にあるのではなく、個々の遺跡で旧石器時代人が実際に行
なった分類を知ることにある。

　旧石器時代人、肉体も異なる原人や猿人の行なった石器の分類と、現代人で
ある私たちが自分の観点で作った器種分類とが一致するという保証はどこにも
ない。したがって、旧石器時代人が行なった石器分類を知るためには遺跡ごと
に石器を分析する必要がある。具体的には、それぞれの遺跡で行なわれていた
石器製作作業、すなわち、剥片剥離技法の工程から、石器製作の工程までを復
元することによって石器の種類も明らかになる（第10図）。

24

次に、フランス、ニース市のル・ラザレ遺跡（13万年前）と同じくニース市のテラ＝アマタ遺跡（38万年前）の剥片石器を比較して、具体的に「研究者の器種分類」と「旧石器時代人が行なった分類」との関係を見てみよう。

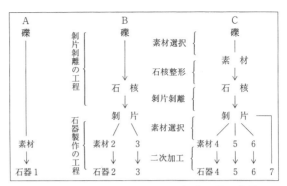

第10図　遺跡に残された石器製作工程の復元
A〜Cの工程から7種類の石器が作り分けられている。

〈テラ＝アマタ遺跡におけるU類とD類との関係〉（第11図上段）

フランス先史学の古典であるフランソワ・ボルドの前期・中期旧石器時代文化の石器の「型式学（器種分類表）」[4]の分類項目の中で最も数が多い、加工された1辺で形成された削器（U類）と、加工された交わらない2辺で形成された削器（D類）が遺跡内でどのような関係にあるのかを検討する。補助的に、加工された交わる2辺で形成された削器あるいは尖頭器（C類）を合わせて分析する。

テラ＝アマタ遺跡におけるU類（第11図1）とC類（同3）・D類（同2）は次のような関係にある（属性の分類と測定法、χ^2検定による判断は『石器研究法』p.346参照）[5]。

U類とC類とを比較すると、C類の刃部は、①鋸歯状の輪郭をもち、②剥離痕の密度が小さく、③剥離痕の重なりが少なく、④刃先角が大きい。またC類の素材がU類の素材より厚く、石材としてフリントが選ばれている可能性が強い。したがって、U類とC類とは製作者によって作り分けられていたと考えられる。

一方、D類とU類との間にはどの属性にも差異が見られないことから、D類とU類とは区別されていたとは言い難い。D類はU類が偶発的に2つ重なった結果かもしれない。

第1章　見ることの問題

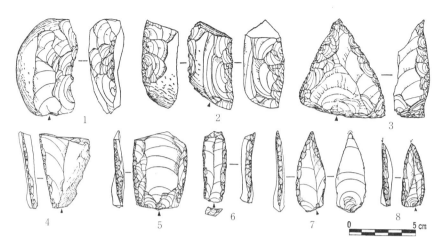

第11図　フランス、ニース市のテラ＝アマタ遺跡の石器（1～3）と、ル・ラザレ遺跡の石器（4～8）（U類：1・4、D類：2・5・6、C類：3・7・8）[5]

〈ル・ラザレ遺跡におけるU類とD類との関係〉（第11図下段）[5]

　次に、ル・ラザレ遺跡におけるU類（第11図4）とD類（同5・6）とがどのような関係にあるかをみてみよう。

　まず、ル・ラザレ遺跡におけるU類とC類（同7・8）との関係は次のようである。

　C類の刃部は、①長く、②凹形の刃部が見られ、③剝離の重なりが大きく、④剝離痕の密度が高い。さらにC類の素材は、⑤切子打面（調整打面）を持つものが多い。したがってC類とU類とは区別されている。

　つぎに、U類とD類とを比較すると、D類の刃部には、①凹形の刃部が見られ、②剝離痕の重なりが大きい。さらに、③D類の刃部が素材の末端辺（基部の反対側）に位置する比率が小さく、④礫打面を持つ素材を選ばない傾向がある。したがって、U類とD類も作り分けられていたと判断される。

　この作業によって、遺跡によってU類とD類のあり方が異なることが分かる。ル・ラザレ遺跡では明確に区別されていても、テラ＝アマタ遺跡では区別されず、独立した種類の石器として認定することができない。

　私はパリの古人類学研究所での博士論文の発表で、この結果をもとに、フランソワ・ボルドの器種分類表では文化の実態に到ることはできないと主張し、

5人のフランス人審査員から2時間にわたって集中砲火を浴びた。

「研究者による器種分類」と「旧石器時代人による石器の分類」との関係を理解されたと思う。一体何が分類されていたのかを知るためには、それぞれの遺跡で個々の石器の属性を分析して比較するしかない[6]。

後期旧石器時代についても、遺跡ごとに分析して石器の分類表を作り、それを総合して文化ごと、さらに日本列島の旧石器時代の石器全体を対象とした総合的な分類表を作れば、遺跡を時間的・空間的に比較する作業に役立つだろう。

〈日本列島の旧石器時代人の石器分類に到るために〉

次に、この考えに基づいて作った、日本列島の後期旧石器時代を対象とした、剥片を素材とした石器の分類表の一部を示す（第12図）。1～の大分類項目はできる限り既成の器種名を踏襲し、a～はそれぞれの項目の細分類で、特に観察すべき属性には①～を付記する。この3つの段階に従って分類していけば、各遺跡で旧石器時代人が行なった石器の分類に到達できる[3]。

1　基部加工石刃
　a. 古石刃技法（直接打撃：第7図；p.16参照）による石刃を素材とするもの
　b. 新石刃技法（間接打撃）による石刃を素材とするもの
　①基部の形状・②二次加工の方向・③先端部の形状

2　先端・基部加工石刃
　a. 古石刃技法による石刃を素材とするもの
　b. 新石刃技法による石刃を素材とするもの
　①基部の形状・②二次加工の方向・③先端部の加工の領域

3　二側縁加工のナイフ形石器
　a. 古石刃技法による石刃を素材とするもの
　b. 新石刃技法による石刃を素材とするもの
　c. 不定形剥片や縦長剥片を素材とするもの
　d. 横長剥片（d1）や石核底面を持つ横長剥片（d2）を素材とするもの
　e. 翼状剥片を素材とするもの
　①二次加工の剥離技術（敲打か刃つぶしか）・②二次加工の方向・③石器

第1章　見ることの問題

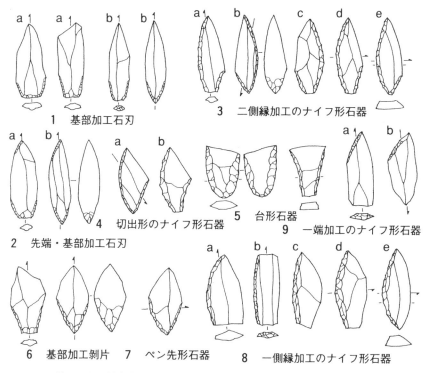

第12図　剝片製石器の大分類項目（第9図の明朝体と対応する）[3]

　の輪郭・④素材の用い方（特に 3a と 3b について）
4　切出形のナイフ形石器
　　a. 新石刃技法による石刃を素材とするもの
　　b. 不定形な剝片や横長剝片を素材とするもの
　　①二次加工の剝離技術（敲打か刃つぶしか）・②二次加工の位置
5　台形石器
　　①二次加工の方向・②素材の用い方・③二次加工の剝離技術
6　基部加工剝片
　　①二次加工の方向・②基部の形状
7　ペン先形石器
　　①二次加工の方向

8　一側縁加工のナイフ形石器

　　a. 古石刃技法による石刃を素材とするもの

　　b. 新石刃技法による石刃を素材とするもの

　　c. 不定形剥片や縦長剥片を素材とするもの

　　d. 横長剥片（d1）や石核底面を持つ横長剥片（d2）を素材とするもの

　　e. 翼状剥片を素材とするもの

　　①二次加工の剥離技術・②素材の用い方（8a について）

9　一端加工のナイフ形石器

　　a. 石刃の末端を加工するもの

　　b. 石刃の打面を加工するもの

　　①素材（古石刃技法による石刃・新石刃技法による石刃など）・②先端部の
　　形態（尖るか平坦か）・折り面の有無とその切れ合い関係（9b について）

　山中の分類（第9図ゴチック）と、この分類（同図明朝）との間に大きな違い
が生じるのは、第一に分類の目的が異なるからである。山中の分類は研究者が
資料を整理するための「器種分類」で、私の分類は各遺跡で「旧石器時代人が
行なった分類」に到達することを目的とした分類である。

　旧石器時代研究の困難さを理解されたと思う。この領域は、認知論と認識論
を不可欠としている。私たちは何を見ているのか、その分類は私たちのものか、
旧石器時代人とどのような関係があるのか、を問い続けなければならない。と
もかく、私たちは資料分析を行なわなければ黒川英三の「人面石器」と同じよ
うな「研究」に陥ることになる。

C　型式学について

　型式学とは道具の空間的・時間的変化を知るための作業である。

　旧石器時代の石器の場合には、石という素材と剥離という技術からその時間
的・空間的な小さな変化を捉えることは難しい。そこで、可塑性を持つ土器の
型式について述べる。

〈研究者たちの型式についての考え〉

　型式学は考古学独自のかつ唯一の方法とされ、かつては神聖視される傾向も

第1章　見ることの問題

あった。これまで、研究者たちは型式について次のように述べてきた。

① 杉原荘介は「わたくしは考古学的資料たる遺物における限定者（創造者であるところの人間；竹岡）を意味する概念を型式と呼びたいと思う」とし、型式は時期・系統・分布を内容とする。したがって、杉原にとって「限定型式（型式の中でも限定者の性格を最もよく具備するもの；竹岡）としての堀之内式土器や弥生町式土器は、わたくしにおいてはそれぞれ堀之内人であり弥生町人である」ということになる[7]。

② 鈴木公雄は2つの型式学を考える。1つは「従来から発達させてきた時間・空間を表徴する遺物の文化的特性をとらえる方法」、もう1つは「遺物を生産した社会の構成的特性をとらえる方法」で、V. G. Childe の「50万年前の最初の標準的なアブヴィリアン握斧以来、どんな道具を作ったらよいか、どのようにして作るか、作るのに最適な材料は何かといったことを、社会は指図しつづけてきた。世代から世代へと社会の習慣はゆたかになり、社会的に容認された標準型式 standard type を何千となく生み出してきた。考古学でいう型式とはまさにそうしたものである」という言葉を引いて、「このチャイルドの説明からもわかるように、型式と呼ばれるものの実体は、人間集団による社会的生産物である。したがってそこには型式を通じて、その型式を生み出した社会の特性、あるいはその社会の構成をとらえる手がかりが存在しているはずである。… そして、そこに型式学的研究が目的とすべきいま一つの大きな目標がある」とする[8]。

③ 大井晴男はまず、「考古学が歴史学の一部であり、その研究の終極的な対象が人間・人間集団であり、その歴史であることを認めるとすれば、われわれは、われわれがその研究の直接の対象とする遺跡・遺構・遺物を介して、その背後にあった、つまりそれらの遺跡を残した行動の主体であり、それらの遺構・遺物を製作し・使用し・遺棄したところの人間・人間集団を認識する方法を持たなければならないのであろう」として、複数の遺跡・遺構・遺物に見られる差は、その背後にあった人間・人間集団の違いと理解し、「考古学において、複数の遺跡・遺構・遺物の差を確認するための方法は、いわゆる型式学的方法を措いてないといってよ

30

いであろう。かくて、われわれは、型式学的方法が考古学の方法論体系のうちにあって、人間・人間集団を確認するための唯一の方法であると結論することができよう」とする[9]。

④ 岡本勇は、型式が人間集団という「なんらかの客観的実在を直接に反映したもの」のように捉えることに反対して、「土器の型式は、その文様や器形などの諸特徴をもとに研究者の経験的な認識によって設定されたものであり、いわば相対的な認識の産物である。しかも、なにより重要なことは、現在設定されている縄文式土器の型式は、年代上の単位という観点から認識されたものである。… たとえ型式がある限られた地域で、限られた時間内につくられたものであっても、それがただちに客観的な実在をあらわしたものと考えるのは誤りである」とする。たとえ、「土器型式が、『土器の諸要素の組合せ』という新しい立場からとらえられたとしても、これと『歴史的実在としての人間集団』とは、認識論上ことなった次元に属しており両者は直接むすびつかない関係におかれている」というわけである。そして、「歴史的実在としての人間」に到るためには「製作―播布（需要→供給）―使用という一連の過程を統一的に理解することが必要であり、その上にたつ操作のなかから新しい型式概念を確立すべきである」として、具体的には、「土器は「生活の道具」という観点から研究していかなければならない」と主張する[10]。

⑤ 林謙作は、「『型式』が実在する、という信念が型式学の土台になっているならば、そこには大きな錯誤が含まれている。型式はものから抽象された概念である」。そして、「型式はものを作った人間・型式を設定しようとする人間の二重の恣意の産物である。この認識を抜きにしては、型式の概念を維持することはできない。したがって、『型式』を『記号』として認識することも必要となる」とする。また、「それ（型式：竹岡）を実在するものと同等に扱うのは、… もの（遺物・遺構・遺跡）の『型式』を、生物の『種』と同一のものとみなす、という錯誤にほかならない。そしてその錯誤は、進化論をモデルとして構築された型式学の原理に由来している」とする[11]。

難しい文章が多いが、型式について、大きく２つの考え方があることが分か

第1章　見ることの問題

る。1つは型式学を追求・深化することによって、過去の文化や社会（人間集団）を明らかにすることができるという考え方、もう1つは、型式は研究者の概念で、型式学では文化や社会を明らかにすることはできないとする考えである。いずれが正しいのだろうか。

　次に、今日の型式学の原点とされる山内清男の型式学についてみてみよう。

⑥　山内清男は型式を「ある狭い範囲にある、幾つかの遺跡の土器を資料とする。これらの遺跡或いは遺跡の単一の遺物包含層から出土する土器の一群を比較してみる。器形装飾の全く同様のこともある。しかし明らかに異る場合もある。この場合に分類の基準が必要になってくる。それが『型式』である。一定の形態と装飾を持つ一群の土器であって、他の型式とは区別される特徴をもつ」[12]として、形態と文様の違いによって型式を設定し、層位的上下関係に基づいて型式を年代的に配列し（編年）、また地域差を捉えた。そして、山内と彼の研究を推し進めた研究者たちは縄文式土器の全国編年に到った。

　山内の仕事は大井が「山内氏の方法によって制定された『型式』群は、氏の意図するとおり『年代学上の単位』そのものであり、それ以上のものでもそれ以下のものでもなかっといってよい。したがってまた、それらを時間的に配列した『編年』は、まさに考古学における『モノサシ』の役目を果すものとなるのである」[9]と述べるように、「分類のための分類」といえる。そして、山内は「年代的、地方的に一つの特性をもった土器型式が、とりもなおさず一定の時代と地域を表現していることになる。そしてその存在状態は、結論的にいえば、ある民族のなかの一部族の生活範囲、文化圏といったものをしめすことになる」[13]と述べている。

　この山内の型式学については、戸沢充則の「『土器型式』論の中に、非歴史的で人間疎外を生み、考古学の本質を見失わせる危険性を充分に内包していた」[14]という意見や、鈴木公雄の「そこには型式の細分についての、一定の方法的・理論的見通しが必要なはずであった。この細分の限界について、山内は自己の見解をはっきりとは示さなかったが、これは山内の型式論の1つの問題点といえよう」[8]いう批判がある。他にも、山内が型式の設定方法などについて論理的に述べなかったことに対する批判は多い。

第2節　分類するということ

この山内の型式学と対比される小林行雄の型式学がある。

⑦　小林行雄の型式自体の概念は山内とおよそ同じである。異なるところは鉢とか壺とかの、主として用途の相違にもとづくと考えられる一般的な概念を形式（器種のこと）とし、1遺跡、1時期の遺物はまず形式の違いによって分類され、次にそれぞれの形式は、その変化の中の特定の段階（型式）に属している。この形式と型式の複合概念を小林は「様式」、としたように、器種ごとに型式を設定して、それを総合して文化を捉えようとしたことである[15]。

小林の型式学については、たとえば横山浩一が「この小林の枠組は、分類から出発して、研究を型式と型式の有機的な関連の検討、文化全体の復原、さらに歴史叙述へと発展させてゆこうとする展望の下に設定されたものであって、諸外国で行なわれている枠組にくらべても優れたものである」[16]と述べ、また戸沢も「小林行雄氏は考古学を歴史科学として成立させ、考古資料を歴史素材として生かす方法を『様式』概念の確立に求めた。…弥生式土器の研究は『様式』概念の適用によって歴史性をもち、『様式』の動きは文化の動きを見きわめる指針となった」[14]と述べるように従来評価が高いが、両者の方法の違いは対象とする時代の違いによって生じたものである。弥生時代の場合、時代の変遷を捉えるためには、壺や甕などの器種ごと（当時の土器分類とおよそ一致する。第34図：p.73）にその変容をみることが必要である（第2章第3節C参照）。

〈研究者は型式をどのように設定してきたのか〉

「型式とは何か」という問いは、分類された項目である型式の内容について問うものであると同時に、研究者が型式を分類するという作業自体の意味を問うものである。そこで、研究者がこれまでどのようにして型式を設定してきたのかをみてみよう。

①　「『編年表』にあげられた『型式』が何を意味し、何を指し示すものであるのかについては、現在まで、なお充分な論議が尽されているとはいえないようである。実は、それ以前の問題として、『型式』制定の論理的基準についてさえ、必らずしも明確であるとはいえない。つまり、きわめて経験的・便宜的に、その処理がおこなわれているのが現状ではないだろうか」

第1表 新地平グループによる、南関東地方の縄文時代中期の土器型式の細分と炭素14年代測定値とによる編年表[19]

型式		新地平編年	calBC（暦年代）：紀元前		推定時間幅	
前葉	五領ヶ台1式	1a・1b	3520～3490	3520～3430	30年	90年
	五領ヶ台2式	2	3490～3470		20年	
		3a・3b	3470～3450		20年	
		4a・4b	3450～3430		20年	
中葉	勝坂1式	5a	3430～3410	3430～3330	30年	100年
		5b	3410～3390		20年	
		5c	3390～3370		20年	
		6a	3370～3350		20年	
		6b	3350～3330		20年	
	勝坂2式	7a	3330～3300	3330～3130	30年	200年
		7b	3300～3270		30年	
		8a	3270～3200		70年	
		8b	3200～3130		70年	
	勝坂3式	9a	3130～3050	3130～2950	80年	180年
		9b	3050～2970		80年	
		9c	2970～2950		20年	
後葉	加曽利E1式	10a	2950～2920	2950～2860	30年	90年
		10b	2920～2890		30年	
		10c	2890～2860		30年	
	加曽利E2式	11a	2860～2830	2860～2760	30年	100年
		11b	2830～2800		30年	
		11c1	2800～2780		20年	
		11c2	2780～1760		20年	
	加曽利E3式	12a	2760～2720	2760～2570	40年	190年
		12b	2720～2640		80年	
		12c	2640～2570		70年	
	加曽利E4式	13a	2570～2520	2570～2470	50年	100年
		13b	2520～2470		50年	

（大井晴男）[9]

②「考古学者の間において、型式なる語の使用されてきたことはすでに古い。そして、その概念の何たるかを明瞭に説明した例はないのである」（杉原荘介）[7]

③「北部九州地方の弥生時代中期の土器編年は、あくまでも経験的につみあげられ、その後に概念化（？）がついてきた感が強い」（田崎博之）[17]

④「かねてより土器型式は、土器のもつ諸要素の組合せで設定すべきであると主張されてきた。しかし実際には、諸要素の詳細な分析を踏まえて土器型式を設定した例は少ない」（岡村道雄・吉岡恭平）[18]

これらの発言は、まず研究者が分類するという作業があり、その後に分類した型式の内容や意味が問われていることを示している。では研究者が行なっている型式分類とは何だろうか。それは山内清男の型式設定によく示されるように、差異を見い出して資料をA、B、C、…と分類する作業である。従って、型式の本質とは差異であるということになる。たとえば、型式A—B—Cというつながり（組列）があるとすれば、型式BはAと区別される属性とCと区別される属性をその内容として持つということである。

つまり、林が述べたように、型式は研究者が比較のためにに用いる記号としての役割を持つ。

第2節　分類するということ

　したがって、分類のための分類を行なった山内清男の方法は正しい。型式に
文化的実体を求める考えは誤りである。

　そして、差異を見い出して分類し、それを並べる作業に理論は必要がない。
分類に再現性があれば（多くの研究者が追認することができれば）、細分類は推し
進められるべきである。

〈これからの型式学〉

　今日の型式学の最前線は、小林謙一ら縄文時代研究の「新地平派」によって
推し進められている新地平派編年である。それは、土器型式の可能な限りの細
分と、AMS 炭素 14 年代測定（加速器質量分析法）の組み合わせによるもので
（第1表）、縄文時代の集落研究のために開発されたものである（第4章第2節
参照）。この型式編年の特徴は型式の実年代が明確であることと、型式によっ
て継続期間に違いがあることを明らかにしたことである[19]。

［参考文献］

1　竹岡俊樹 1980「石器研究の方法とその見通し」『考古学基礎論』2　考古学談
　　話会

2　赤沢威・小田静夫・山中一郎 1980『日本の旧石器』立風書房

3　竹岡俊樹 2003『石器の見方』勉誠出版

4　竹岡俊樹 1997「フランス先史学における型式学―F・ボルドの方法について
　　―」『考古学雑誌』第 82 巻第 4 号　日本考古学会

5　竹岡俊樹 1989『石器研究法』言叢社

6　竹岡俊樹 1993「石器分析の方法」『考古学ジャーナル』360　ニュー・サイエ
　　ンス社

7　杉原荘介 1938『原史学序論』小宮山書店

8　鈴木公雄 1981「特論―型式・様式」『縄文土器大成　4. 晩期』講談社

9　大井晴男 1970「型式学的方法への試論」『考古学雑誌』第 55 第 3 号　日本考
　　古学会

10　岡本　勇 1959「土器型式の現実と本質」『考古学手帖』6　塚田光

11　林　謙作 1996「2. 縄文時代（4）縄紋研究と型式学」『考古学雑誌』第 82 巻第
　　2 号　日本考古学会

12　山内清男 1964「縄紋土器・総論」『日本原始美術 1　縄文式土器』講談社

第1章　見ることの問題

13　山内清男　1969「縄文文化の社会―縄文時代研究の現段階」『日本と世界の歴史
　　　1　古代〈日本〉先史―5世紀』学習研究社

14　戸沢充則　1985「日本考古学における型式学の系譜」『論集日本原史』

15　小林行雄　1959「形式・型式、型式学的研究法」『図解考古学辞典』東京創元社

16　横山浩一　1985「3　型式論」『岩波講座日本考古学　1. 研究の方法』岩波書店

17　田崎博之　1985「須玖式土器の再検討」『史淵』122号　九大史学会

18　岡村道雄・吉岡恭平　1981「土器型式設定と聖山遺跡の土器群」『信濃』第33
　　　巻第4号　信濃史学会

19　小林謙一　2004『縄文社会研究の新視点　炭素14年代の利用』六一書房

第2章　進化・発展か、変容か

第1節　発展の論理

　型式や器種組成による文化の組列（編年）ができれば、研究者はそれを文化の進化・発展の過程と捉えて、その意味を解釈する作業を行なってきた。かつては、文化の「進化」を解釈する万能の原理として唯物史観があり、弥生・古墳時代に限らず、縄文時代や旧石器時代の研究でも用いられていた。

　1969年に稲田孝司によって旧石器時代文化の変遷の論理について述べた論文が提出された[1]。

　稲田はナイフ形石器（工具）が尖頭器（槍先）へと進化することによって、ナイフ形石器文化から尖頭器文化へと発展を遂げたと考え、尖頭器の出現は、次のような要因によって起こったとした。

　ナイフ形石器文化の段階では骨角器の武器によって中・小獣を追う程度に止まっていたが、その末期には狩猟採集場が飽和状態に近づいて、集団間の矛盾も深刻になった。そこで、尖頭器によってナウマンゾウやオオツノジカなどの大形獣を狩猟することによって、この行き詰まりに新たな活路を切り開いた。大形獣に対して強力な攻撃力を持つ尖頭器は多人数の組織的な狩猟方法において一層大きな力を発揮した。場合によっては血縁的紐帯にそって他集団にも協業規模を拡大したであろう。

　この論文の重要な点は、「尖頭器の優位性を自覚した人間がその型式的改良と量産に腐心した」、あるいは、「器種と型式の特徴は、人間が労働に際してどんな種類の道具を必要としたか、その道具の効力を高めるためにどんな改良をしたかによって決るであろう」という表現に示されているように、旧石器時代においても遭遇する問題や矛盾を解決するために、人間が労働を基礎として、新たな道具を論理的に改良・発明し、その道具の発展が社会の発展につながったとする発展史観にある。

　この稲田の論文によって示された、ナイフ形石器文化の中から尖頭器が出現

第2章　進化・発展か、変容か

して「構造変動」が起こり、そして社会が変化するというという思想（「構造変動による合法則的な発展」と呼ばれた）は、戸沢充則の支持もあり、長く受け継がれた。

　1970年に東京都野川遺跡が発掘され、立川ローム層中に10の文化層が重複して検出された。これ以降、出土した層位に基づいて石器文化の編年が作成されることになり、文化は下層から上層にかけ継起的に発展したと捉えられることになる[2]。

　たとえば、鈴木次郎と矢島國男は1988年に南関東地方の旧石器時代文化を層序に従って次の5つの時期に分け（層位は武蔵野台地）、各時期の特徴は器種の組成の違いと捉えられた[3]（第13図）。

第I期　第X層・Xb層

　チャートを主要な石材とする小形の剝片石器（揉錐器3・4：図中の番号に対応、ナイフ状の石器1・2など）と、粘板岩などを石材とする石斧5を伴う。

第II期

〈前半〉第IX〜X層上部

　石斧5が特徴的に見られ、石刃技法を持つ。二側縁加工1・基部加工2・一側縁加工3・一端加工のナイフ形石器、切出形ナイフ形石器4・台形石器などの多様なナイフ形石器が現れる。

〈後半〉第V〜VII層

　石斧は見られない。ナイフ形石器1〜6が増加する。石刃技法には、打面調整を行なうものがある。

第III期　第IV層下部

　国府型ナイフ形石器5を含む多様な形態のナイフ形石器1・4、角錐状石器2、拇指状の掻器3、鋸歯状の加工の削器が見られ、打面の調整や再生を行なわない石刃技法を伴う。

第IV期　第IV層中・上部

〈前半〉発達した石刃技法と、石刃を素材とした多量のナイフ形石器3・4が見られ、尖頭器1・2が加わる。尖頭器の先端の一側縁に樋状剝離痕を残すもの1が特徴的である。

〈後半〉槍先形尖頭器1・2が量的に増加し、ナイフ形石器3〜5が多様化する。

第1節　発展の論理

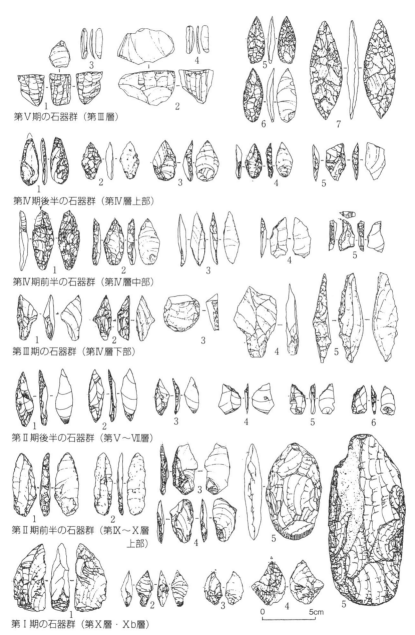

第V期の石器群（第Ⅲ層）

第Ⅳ期後半の石器群（第Ⅳ層上部）

第Ⅳ期前半の石器群（第Ⅳ層中部）

第Ⅲ期の石器群（第Ⅳ層下部）

第Ⅱ期後半の石器群（第Ⅴ～Ⅶ層）

第Ⅱ期前半の石器群（第Ⅸ～Ⅹ層上部）

第Ⅰ期の石器群（第Ⅹ層・Ｘb層）

第13図　南関東地方の旧石器時代の石器群の編年[7]

第2章　進化・発展か、変容か

第Ⅴ期　第Ⅲ層

　槍先形尖頭器を主体とする石器群①5〜7と、細石刃を主体とする石器群②1〜4の2種類がある。②は①より後出であるが両者の共存も考えられる。

　鈴木と矢島の文化の変遷についての考え方は、生産に直結している石器群は、生産の拡大や自然環境の変動などを契機とした労働対象の拡大や変化に従って、絶えず改良を加えられ、その積み重ねは結果的に構造の改変を促す引金となるというもので、稲田の考え方を受け継いでいる。

　そして鈴木は、石器文化の発展のメカニズムを明らかにするためには、文化層をできるだけ細分することが必要であるとし[4]、2001年には相模野台地では諏訪間順は22の層位から出土した27の文化層を12の段階に区分するに到る。

　しかし、文化層の細分類によって石器文化の「発展」の過程が詳しく捉えられたとしても、その要因は見えてこない。その唯一の解釈が、稲田が述べた、石器群の発展の要因は自然環境・生態系への適応によるとする「生態適応」である。たとえば諏訪間は、第Ⅲ期（第Ⅳ層下部：第13図参照）の段階に、南関東地方の台地に茂呂系ナイフ形石器（第Ⅱ期後半）に代わって切出形石器を主体とする石器群が集中する傾向が見られるのは、始良・Tn火山灰（AT）降灰を含む最終氷期最寒冷期への環境変化に適応するための適応戦略であるとしている[5]。

　そして、旧石器時代の進化・発展の歴史を、「生態適応」によって構築したのが「理論考古学」である。

　佐藤宏之によれば、中期旧石器時代の後半期になると小形の斜軸剥片（「素刃石器に適応」とする）と中・大形の斜軸剥片の2種類に分かれる（「剥片双極構造」と呼ぶ）。

　そして、後期旧石器時代前半期（Ⅸ層〜Ⅶ層）には石刃・縦長剥片剥離技法＋ナイフ形石器と、横長・幅広剥片剥離技法＋台形様石器という2つの製作工程による「二極構造」が成立し、この2つの異なる工程を選択的に使い分けた。

　中期旧石器時代は人口が少なく、単純な生態適応を果たすことで十分だったが、中期旧石器時代から後期旧石器時代への移行期には、剥片双極構造から二極構造への「構造変革」によって列島の多様な生態系に進出することが可能に

第1節 発展の論理

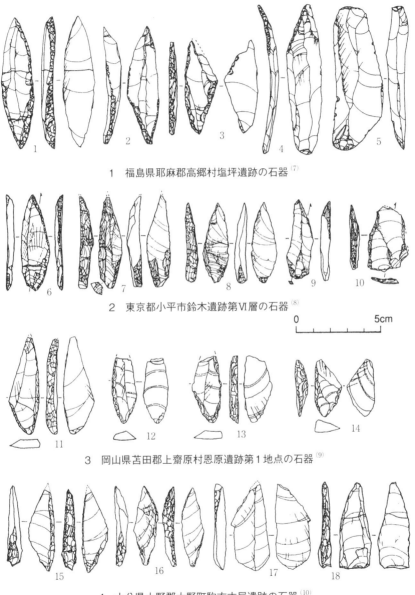

1 福島県耶麻郡高郷村塩坪遺跡の石器[7]

2 東京都小平市鈴木遺跡第Ⅵ層の石器[8]

3 岡山県苫田郡上齋原村恩原遺跡第1地点の石器[9]

4 大分県大野郡大野町駒方古屋遺跡の石器[10]

第14図 姶良・Tn火山灰降灰以前の茂呂系文化の遺跡

第 2 章　進化・発展か、変容か

なった。

　そして後期旧石器時代前半期には、全面的な生態系の開発への移行を始め、各地に展開した集団は多様な環境を開発するための複数の技術（二極構造）を必要に応じて使い分けた。

　さらに後期旧石器時代の後半期になると、各地域の集団が生態系への適応と特殊化を進化させた結果、地域性の成立や社会構造の複雑化・同盟関係の構築・準部族的な社会の出現などの社会上の重要な変化が現われた[6]。

　佐藤は、ヒトが環境に対して自らの道具を改良して立ち向かったという、稲田以来の進化・発展の思想を受け継ぎ、さらに社会構造の発展を論じた。

　しかし、こうした作業の前提となっている、層位に基づいて編年を作成して、文化が下層から上層へと継起的に発展したと考えることは本当に正しいのだろうか。

　たとえば、茂呂系文化は、南関東地方では、第Ⅸ層、第Ⅶ層、第Ⅳ中～上層に見られる。このことは同じ文化が南関東地方で何度も生まれたのでなければ、他地域で存続していた文化が何度か南関東地方を訪れたということを示している。そして、茂呂系文化は東北地方から九州地方まで広く、かつ長期間にわたって分布しているから（第14図）、茂呂系文化が他地域から何度か南関東地方を訪れたということになる。

　したがって、層位の上下関係はその地域を訪れた文化の順序を示し、文化の発展の過程を示すものではないということになる。

　さらに、第Ⅸ層、第Ⅶ層、第Ⅳ中～上層の茂呂系ナイフ形石器には違いが見られず、東北地方から九州地方まで分布する茂呂系ナイフ形石器にも違いは見られないことは、1万数千年間の環境の変化、北から南までの環境の違いにかかわらず石器の変化がなかったことを示している。茂呂系文化は間接打撃による石刃技法を持つホモ・サピエンスの文化であるが、彼らでも環境の変化に応じて石器を改良することはなかった。かつて信じられていた列島内における文化の進化・発展や、それに伴う構造変動は幻だった、ということになる[11]。

［参考文献］
1　稲田孝司 1969「尖頭器文化の出現と旧石器的石器製作の解体」『考古学研究』

42

第 15 巻第 3 号　考古学研究会

2　小林達雄・小田静夫・羽鳥謙二・鈴木正男 1971「野川先土器時代遺跡の研究」
　『第四紀研究』第 10 巻第 4 号　日本第四紀学会

3　鈴木次郎・矢島岡雄 1988「1　先土器時代の石器群とその編年」『日本考古学
　を学ぶ（1）新版』有斐閣

4　鈴木次郎 1991「関東地方における石器文化の変遷とその評価」『石器文化研究』
　3　石器文化研究会
　鈴木次郎　1999「編年論」『石器文化研究』7　石器文化研究会

5　諏訪間順 1996「Ⅴ～Ⅳ下層段階石器群の範囲―最終氷期寒冷期に適応した地
　域社会の成立」『石器文化研究』5　石器文化研究会

6　佐藤宏之 1992『日本旧石器文化の構造と進化』柏書房

7　福島県立博物館 1983『塩坪遺跡発掘調査概報〈福島県立博物館調査報告第 3
　集〉』

8　鈴木遺跡調査団 1978『鈴木遺跡Ⅰ』

9　恩原遺跡発掘調査団・上斎原村教育委員会 1988『恩原遺跡―旧石器人の生活
　跡を探る』

10　別府大学付属博物館　1987『駒方古屋遺跡 2・3 次』

11　竹岡俊樹 2002『図説日本列島旧石器時代史』勉誠出版
　竹岡俊樹 2011『旧石器時代人の歴史― アフリカから日本列島へ―』（メチエ選
　書）講談社

第 2 節　私たちはどのようにして人間になったのか

　旧石器時代人が、自分の道具を改良・発明して自然に立ち向かったという進
化・発展の論理からも、考古学研究者たちがヒトは普遍的存在であると考えて
いることが分かる。

　旧石器時代人が私たちと同じように考えることができたのか、いつごろ私た
ちと同じような人間ができ上がったのか、ということは問われたこともない。
しかし、それを知らなければ、文化の進化・発展を捉えることはできないだろ
う。次に、研究の前提となる、人類の肉体と思考の歴史をのべる。

第2章　進化・発展か、変容か

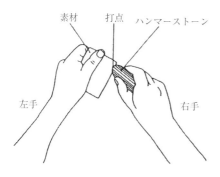

第15図　左右の手による剝離作業
（ホモ・サピエンスの握り方）

〈石器と手と脳の関係〉

　250万年前、人類は礫を素材として石器を作り始めた。180万年前のタンザニアの遺跡からホモ・ハビリス（猿人）が打ち割った多量の骨が石器とともに出土している。彼らは石器で骨を割ってその髄を食べていたのだろう。

　石器は礫を親指と他の4本指でしっかりと握り、もう1つの手に持ったハンマーストンと呼ぶ丸石で敲き割って作る。したがって、石器を作るためには、異なる動きをしながら協調する左右2つの手が必要である（第15図）。

　人類が最初に作った石器は、礫の末端の片面だけを数回剝離して作ったチョッパーと呼ぶ石器である（第16図1）。この石器は片手で礫を握ったまま、ハンマーストンで何回か敲いて作ることができるが、礫の両面を剝離したチョピングツールと呼ぶ石器（第16図2）を作るようになると、敲くたびに礫の表と裏をひっくり返さなければならない。

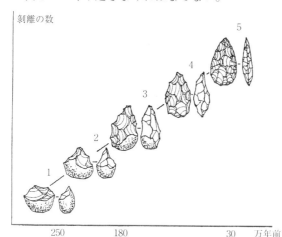

第16図　大形石器の発展
1：チョッパー、2：チョッピングツール、
3〜5：ハンドアックス

　165万年前ころから、ホモ・エレクトス（原人）が礫の両面の大部分を剝離したハンドアックスと呼ぶ石器（第16図3・4）を作り始めると、素材を敲く回数は増えて、石器は定まった輪郭を持ち始める。そして、30〜20万年前に、ホモ・エレクトスの子孫のホモ・ハイデルベルゲンシス（旧人）が洋ナシやアーモンドの

種のように左右対称形で表と裏が完全に剝離された、私たちが見ても整った形の石器を作るようになる（第16図5）。

この石器を作るためには、ハンマーストンで1回敲くたびに、素材の表裏をひっくり返し、左辺と右辺、上部と下部を入れ替えなければならない（第17図）。1個の石器を作るために100回敲くとすれば、素材の「ひっくり返し」や「入れ替え」も100回以上行なわけければならない。したがって、第16図5のような

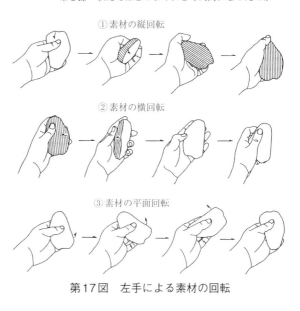

第17図　左手による素材の回転

第18図　左手指先による素材の回転

整った形の石器を作り始めた20万年前ころには、人類は私たちと同じように手の中の素材を親指とほかの4本指とで動かし、回転させ、それと対応してハンマーストンで素材を正確に敲くことができた[1]。

さらに、素材をつまんで、指先で表と裏をひっくり返しながら作った小形の石器が現れるのは、十数万年前のことである（第18図）。

単純な石器から整った形の石器への発展は、手の進化と関係を持っていた。器用に動く手を持つことによって、整った輪郭を持つ石器を作ることができたのである。

さて、手と脳との間には密接な関係がある。器用に動く手はそれをコントロールする脳が発達していることを示し、また手を用いることによって脳が活性化する[2]。

そして、左手をあやつるのは大脳右半球（略して右脳と呼ぶ）、右手をあや

第2章　進化・発展か、変容か

つるのは大脳左半球（左脳）である。したがって、左右の手の進化は左右の脳の進化を意味している。石器の発展は手とそれを操作する脳の進化によってなしとげられたのである。

　1960年代には、癲癇（てんかん）の治療のために左右の脳をつなぐ脳梁（のうりょう）を切断する手術が行なわれていた。それによって、左脳は言語や論理をつかさどり、右脳はイメージや感性、そして空間認識をつかさどる、という左右の脳の機能の違いが明らかになった。

　右利きの私たちのように、素材を左手に持ち、右手で握ったハンマーストンで敲くことを想定すると、目的とする石器のイメージと、敲くたびに変わっていく素材の形とを比較しながら、ひっくり返し、傾け、入れ替えによって素材を空間上に位置づける左手の作業は、右脳の機能と対応する[3]。

　そして、いくつもの剝離面によって石器の1辺を作り、その辺をいくつか組み合わせて石器全体を形作るという右手の作業は、左脳の機能と対応する。したがって、左右の脳の機能の違いは左右の手を用いた石器製作によって生まれ、私たちの多くが右利きなのは人類が早くから右手でハンマーストンを握っていたことを示している。

　また、剝離面の連続によって1つの辺を作り、その辺を組み合わせて石器全体を形作る作業は、私たちの言語の、音素（音韻）→形態素（単語）→統語法（文章）という構造と共通していることから、そのような工程で石器を作り始めた20万年前ころには、彼らは、単純ではあるが、私たちと同じ構造を持つ言語を用いていたと考えられる[4]。

〈どのようにして論理を獲得したのか〉

　ハンマーストンで1回敲くたびに素材は割れて形が変わる。その素材を目的とする石器の形に近づけるためには、次に敲く位置と方向、加える力の大きさ、そして素材の傾け方を決めなければならない。1個の石器を作るために素材を100回敲くとすると、この角度や力の大きさと割れ方との物理的な因果関係の問題を100回解かなければ、目的とする石器を作ることはできない。人類は二百数十万年間この問題を言語を用いずに、やがて単純な言語（内語）を用いて解くことによって、「このような条件で敲けばこのような結果を得る（た

第2節　私たちはどのようにして人間になったのか

とえば、素材を下方に傾けて、縁辺のやや内側を垂直に近い角度で強い力で敲けば、角度が急で深い、比較的短い割れ面を得る）」という物理的因果関係が思考の型、脳のシステムとして形成された。「論理」の出現である。したがって、論理は物理的因果関係、つまり自然法則の人類による写しということになる。現代、私たちが宇宙の果てのことや、DNAの研究を行なうことができるのは、そこで用いている論理が自然法則を基礎として生まれたからである。

そして、石器の製作工程が長く複雑になると、論理の連なりによって形成される工程全体を一貫して指揮する意志（主体）が製作者の脳の中に現れる。

こうして、二百数十万年間石器を製作した末、およそ20万年前にホモ・ハイデルベルゲンシスは言語を用いた論理的思考を獲得する入口にまで達した。

〈ホモ・サピエンスの登場〉

そのころ、私たちの直接的な祖先である、丸い頭を持ったホモ・サピエンス（新人）がアフリカに登場する。そして、彼らは10万年前ころから、赤色の着色用の粉末、返しのついた骨製の銛、幾何学文様を彫った石、小さな貝に穴をあけてつないだネックレスなど、かつては存在しなかったものを作り始める。

ヨーロッパでは、3万5000年前ころから象牙で作った人物や動物像、動物の牙で作ったペンダント、そして洞窟の暗黒の中に色彩豊かな壁画が現れる。人類が石器を作り始めて250万年を経て、ようやく頭の中のイメージを絵具やランプなどの技術を用いて具体化できるようになった。

そして1万6000年前頃から洞窟壁画は人物や動物などを組み合わせたマンガの一場面のような物語性を持つようになり、人類がイメージとことばによって虚構の世界を創り始めたことを示している（第19図）。壁画の中の人物や、象牙で作られたライオン頭の人物などは神

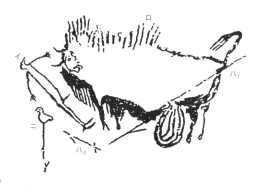

第19図　フランス、ラスコー洞窟の壁画
画面はイ：人、ロ：牛、ハ：槍、ニ：鳥によって構成されている。

47

話の登場人物だったのだろう。

この時代に現れた多様な道具は人類に「考えること」が始まったことを示している。しかし、彼らはまだ、自然環境の変化に対応して道具を改良したり発明することはできず、新しい道具は3000年に1度も現れなかった。

日本列島に20～30万年前に大陸から渡来したホモ・ハイデルベルゲンシス（旧人）は、3万5000年前に北方から流入してきたホモ・サピエンス（新人）と接触し、その文化を模倣して独自の文化を作った。しかし、新人の文化も旧人の文化も技術的には発展することなく氷河期の終わり頃には消えた[5]。そして、1万年前に海を渡って九州にたどりついた集団が、後の縄文文化を作ったと思われる。しかし、その後1万年間続く縄文時代にも技術的な革新はなく、気候の変動などによって多くの集団が滅んだと思われる。奇怪な文様を付せられた土器や土偶、石棒などの石製品、また環状列石などの奇妙な遺構は、この時代の世界が神話や儀礼によって成っていたことを示している（第4章第2・3節参照）。

〈金属器時代になされたこと〉

一方、この時期に大陸では、技術―経済―社会の結びつきに革命的な変化が起こった。

紀元前9500年に、現イラクで自然銅を槌で敲いて作った銅のペンダントが現れ、前6000年ころには西アジア一帯で銅製品が作られるようになる。そして、前4000年ころには鉱石から銅や銀・鉛を抽出する精錬が始まる[6]。

前3200年までに、薪に代わって木炭を用いて密封した炉の中で高温を作る技術が開発され、鋳型によって短剣や矢じり、斧、ノミなどを大量に作り始める。

前3000年ころに錫の精錬が始まり、銅との合金によって青銅が作られる。青銅は銅と比べてはるかに硬く強靭で、かつ鋳造に適していた。

その後、耐熱性の煉瓦で炉が造られるようになり、ついで、ふいごが発明されて、前2700年ころには炉の中の温度を1650度まで上げることに成功して、たいていの金属を溶解できるようになる。技術の改良と発明の速度は加速度的に早くなっていく。

ヨーロッパでは前2500年のはじめころから、各地を渡り歩く金属加工の集

団が現れ、前1250年ころに東ヨーロッパを中心に広がった集団は、大量の青銅器を作るために地中に坑道を掘って鉱石を採掘し始める。彼らは壁や天井が崩れてくるのを防ぐために坑道に支柱を立て、湧き出る水を排出し、坑道の壁を加熱した後に水をかけてもろくしてから鉱石を採掘した。さらに、彼らは硫黄分が含まれる地中の鉱石を精錬するための技術を開発し、また蠟型による鋳造技術を用いた。蠟で製品の形を作ってそれを粘土で覆い、そこに青銅を流し込むと蠟が解けて青銅に置き代わる。この鋳造法によって極めて精巧な製品を作ることに成功した。この技術は現在でも用いられている。

　前1400年ころ、現トルコのアナトリア半島のヒッタイト人が青銅器よりはるかに強い鉄器を作るようになり、その強力な武器によってメソポタミアを征服する。そして鉄器の製作は、前1200年ころには各地に広がっていった。

　日本列島で金属器の使用が始まるのは、弥生時代前期末のことである。まず、青銅によって銅鐸や銅矛などの祭器が作られ、中期からは実用的な鉄器の使用が始まる。そして、縄文人をおよそ駆逐して、日本でも王を頂点とした社会組織を持つ国家の時代、戦争の時代へと向かう。

〈考えること・分析することの始まり〉
　ホモ・ハビリス（猿人）からホモ・ハイデルベルゲンシス（旧人）の石器文化の発展は数十万年から10万年を単位とするものだった。手と脳の進化によって石器文化が発展し、石器を作り続けることによって手と脳が進化した。石器文化の発展のためには生物学的な進化が必要だったのである。

　250万年間続いた石器の製作は、物理法則にのっとって素材の形を変化させる作業だった。1万6000年前になって、ようやく土器を焼き、その土器を用いて火の上で食べ物を煮炊きする素材の質を変化させる技術が始まり、さらに6000年前の金属器の製作とともに状況は一変する。技術革新のスピードは加速度的に早くなり、さらに専業集団の登場や交易によって製品の改良や発明は日常的に行なわれるようになる。

　彼らは道具を分析して改良、発明し、そして道具の新しい形は新しい技術の開発によって実現された。ここに、ようやく私たちと同じように対象を分析し、論理的に考えることが出現した。

第2章　進化・発展か、変容か

　金属器の製作が始まった前9000年ころには、西アジアの各地で定住と農耕が行なわれ、前6000年ころに灌漑農業が始まって村落は次第に都市のような様相を持つようになり、前3200年ころには大規模灌漑農耕と絶対的権力者（王）の誕生によって、ウルク（現イラク）に都市国家が出現し、粘土板に彫られた楔形文字の原形が誕生して交易に用いられた。

　前1050年ころ、シリアの海岸を拠点として海上で商業を行なっていたフェニキア人が22個の子音によるアルファベットを用い始め、前730年ころには、ギリシア人がそれを改良して、現代と同じ子音と母音を持つアルファベットを作る。ギリシアにパピルス紙の巻物の図書が普及して、前500年ころには公共の図書館があったとされる。この環境と、分析し考えることの発展によって科学が登場して、彼らは宇宙や人類、事物の起源など森羅万象について考え始める。

　たとえば、ミレトス派のタレス（前624～前546年）は、当時のギリシアでは海神ポセイドンが地震を起こすと考えられていたのに対して、大地は水に浮いていて、波の振動によって揺り動かされるときに地震が起こると考えた。彼らは自然現象は原因と結果の連鎖によって成っていると考えた。そして、科学的理論は証拠によって検証されなければならないという考えのもとに、前5～4世紀から小規模な実験が行なわれた。たとえばアリストテレスは、塩水が蒸発したときには真水になるが、その蒸気が凝結したときには塩水にはならないことを実験によって証明した。

　ギリシア人たちが科学や哲学を探求したのは、何より好奇心と知識を求める欲求からだった。彼らにとって考え分析することと、それによって得られる知識は至上のものだったのである[7]。そして知識は文字によって記録されて伝えられ、広まった。

〈ワタシと「自分」の乖離〉
　人類はハンマーストンを用いて礫に働きかけて、礫は割れた。ついで、彼は「働きかけ」と「結果」との間の因果関係をとらえるようになり、さらに作業の結果と、作業を行なう彼自身の動作との関係をとらえ始めたとき、彼は自己をも考える対象とすることになる。

そうして、自然現象や宇宙など森羅万象について考え分析し始めたとき、ついに彼は分析対象としての「自分」である肉体や欲望、感情、感性、本能の坩堝を見出す。こうして彼の自己は考え分析する主体（主人公）であるワタシと、分析される客体（対象）である「自分」とに分裂する。ことばで考え分析することが「自分」を見出し、ワタシを創造したのである。

ワタシとは考えること分析すること自体ではなく、それを導き操作する主体、いわば、言語化された意志である。ワタシの努力次第でより論理的に考えることができ、論理的に考えることによってワタシも大きく成長する。

道具を分析して欠陥を見出し改良する作業の結果出現したワタシが、「自分」に欠陥を見出し、自己の存在理由や人生の目的を求めるのは当たり前のことである。

科学が登場したのと同じころ、人々を煩悩から救う釈迦（前6・5世紀～前5・4世紀）や、人のあるべき姿を問う哲学者、孔子（前552～前479年）が現れる。

こうして私たちはでき上がった。この存在は神が作ったのでも、自然の中で偶然でき上がったのでもない。私たち自身が長い時をかけて創り上げたものである。もし、250万年前に石器を作っていなければ私たちはいなかった。私たちのように機能の違う左右の手と脳、そしてワタシと「自分」を持つ生き物は宇宙のどこにもいないかもしれない。

〈人間が抱えた2つの問題〉

進化の結果、私たちは発達した道具と器用な手を得たのと引きかえに、2つの宿命的な問題を抱え込んだ。

1つは左脳と右脳が、それぞれに対応した2つの異なる世界を創り始めたことである。

右脳はイメージ（心像）や感性（概念的ではなく感覚的に捉えること）によって象徴的世界（後述）や感性的世界を創り（この側面は文化と呼ばれる）、左脳は言語と論理によって科学技術とともに論理・記号的世界を創った（この側面は文明と呼ばれる）。普段は意識することはないが、私たちの現実はこの2つの異なる世界からなり、両者はある場合には補い合い、ある場合には矛盾する。

第2章　進化・発展か、変容か

　そしてもう1つはワタシと「自分」の乖離である。そこから、ワタシの葛藤や軋轢が生まれる。ワタシは「自分」のことをことばによって表現することで、「自分」を統括していると錯覚しているが、ワタシは感性や感情、本能そして肉体の坩堝である「自分」を捉えきれず、それでもワタシが「自分」に責任を持たなければならないこと（それが社会人の条件である）が、煩悩の大きな要因である。

　この、「象徴的世界、感性的世界」と「論理・記号的世界」の2つの世界をもち、自己がワタシと「自分」に乖離した生物が私たち人間である。

　人類が言語によって対象を意識的に分析し、改良し始めたのは金属器を製作し始めた頃である。日本では弥生時代だろう。縄文人、まして旧石器時代人が主体的に「生態適応」を行ない、列島内で社会・文化が自立的に発展・進化したとは考え難い。

［参考文献］

1　竹岡俊樹 1997「L'évolution des fonction des mains」『古代文化』第49巻10号　古代学協会

2　久保田競 1982『手と脳』紀伊国屋書店

3　鈴木良次 1994「手のなかの脳」　東京大学出版会
　　M．ブラウン　新井康允訳 1981『右と左の脳生理学』東京図書
　　竹岡俊樹 1991「Développement de la latéralité examinée à partir de l'analyse de la pierre taillée du Paléolithique」『人類学雑誌』99-4　日本人類学会
　　竹岡俊樹 1991「旧石器時代の石器分析から見た左右差の起源と発展」『左右差の起源と脳』朝倉書店

4　竹岡俊樹 1996「考古学が解く「言語の成立」」『言語』第25巻5号　大修館
　　竹岡俊樹 1994「人類は20万年前に言語を獲得した」『日経サイエンス』第24巻10号　日経サイエンス

5　竹岡俊樹 2011『旧石器時代人の歴史―アフリカから日本列島へ―』（選書メチエ）講談社

6　H．H コグラン　糸賀昌昭訳 1978「金属製の用具と武器」『増補技術の歴史第2巻　原始時代から東方（下）』筑摩書房

7　E・R・ロイド　山野耕治・山口義久訳 1994『初期ギリシア科学―タレスからアリストテレスまで』法政大学出版局

第3節　接触による文化変容

　では、列島内で旧石器時代の文化はどのようにして変容したのだろうか。それは文化の移動と接触によるものである。第20図に見られるように、旧石器時代をとおして進化・発展した文化はない。多くの文化が大陸から移動してきては消え、その文化を模倣して新たな折衷文化が生まれた。しかし、この中には後の縄文時代を形成した文化はない。

　接触が文化が変容する最大の要因である。次に文化接触のモデルと、それを捉えるための型式学の問題について述べる。

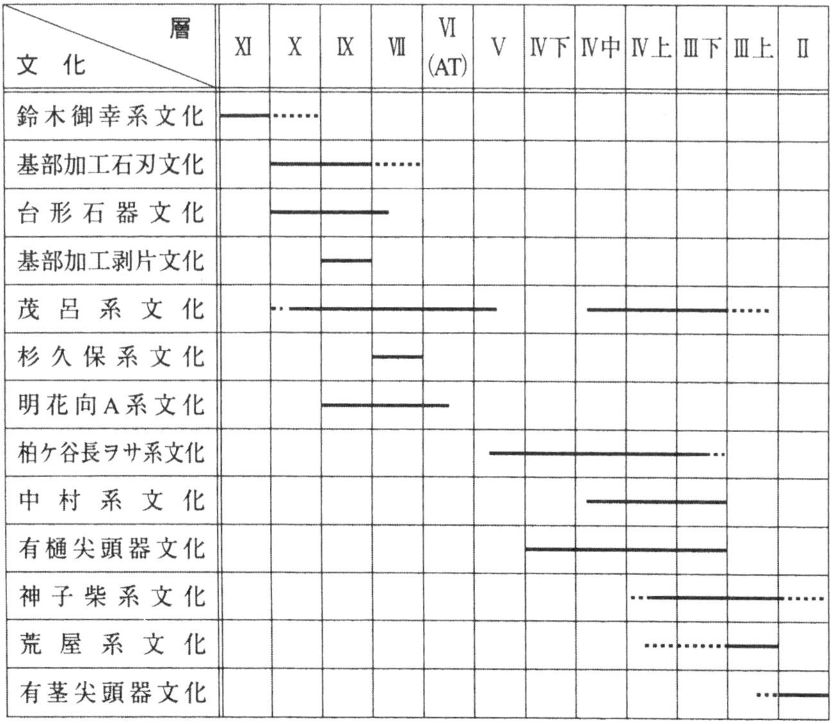

文化 ＼ 層	XI	X	IX	VII	VI(AT)	V	IV下	IV中	IV上	III下	III上	II
鈴木御幸系文化												
基部加工石刃文化												
台形石器文化												
基部加工剥片文化												
茂呂系文化												
杉久保系文化												
明花向A系文化												
柏ケ谷長ヲサ系文化												
中村系文化												
有樋尖頭器文化												
神子柴系文化												
荒屋系文化												
有茎尖頭器文化												

第20図　南関東地方における旧石器時代の諸文化の消長

少なくとも明花向A系文化・柏ケ谷長ヲサ系文化（切出形石器文化）・中村系文化・有樋尖頭器文化は折衷文化である。進化・発展した文化はない。

第2章　進化・発展か、変容か

A　近世宝篋印塔の変容

　ものの形の違いを捉えて時間的序列である編年を作る。この作業は「型式学」の基礎をなすものであるが、それは実際にはどの程度可能なのだろうか[1]。

　江戸城を中心として半径7kmの範囲内で、1974～80年に採取した千余点の江戸時代の宝篋印塔の中から、形の異なる代表的な11点（第21図）を大学生（考古学専攻生ではない）に示して、それを時間の軸に沿って並べる（編年を作る）ように求める。あなたも試みていただきたい。

〈型式学的操作の検討〉

　学生たちが1週間後に提出した編年表は全く多種多様であるが、1つの大きな共通点がある。それはそのいずれもが直線的な編年であるということである。ある学生の作業をみてみよう。

　この学生はまず次のようにグルーピングする。

　グループ①：A・I 基礎の形の類似によってまとめる。

　グループ②：B・K 装飾の多さによって他のものから区別する。

　グループ③：D・H・J 基礎の形の類似によってまとめる。

　グループ④：C・E・G 相輪の類似によってまとめる。

　グループ⑤：F　　③のHに近いが基礎の形が異なる。

　そうして、この各グループ相互の類似性を見い出して、

$$\overset{①}{\overbrace{\text{A}\to\text{I}}}\to\overset{③}{\overbrace{\text{H}\to\text{D}\to\text{J}}}\to\overset{⑤}{\overbrace{\text{F}}}\to\overset{④}{\overbrace{\text{C}\to\text{G}\to\text{E}}}\to\overset{②}{\overbrace{\text{K}\to\text{B}}}$$

という編年を作成する。もう1例あげておこう。

　この学生はまず次のような予想を立てる。

　1　装飾性の強いものの方が新しい。

　2　隅飾に渦巻を持つA・B・Kは年代が近い。

　3　基礎の装飾が時代決定の手がかりとなる。

　そうして基礎の形の類似から、C・E・F・Gを1つのグループとしてとらえ、それを請花（下）を基準として装飾の少ないものからC→G→E→Fと並べる。そして、このような作業を繰り返して、

54

第3節 接触による文化変容

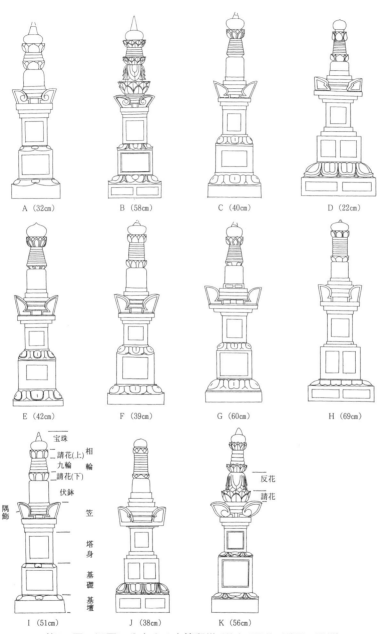

第21図　江戸に分布する宝篋印塔（数字は隅飾両端間の距離）

第2章　進化・発展か、変容か

　　　　④　　　⑤　　　③　　　①　　　②
　　　⌒　　　⌒　　⌒　　⌒　　⌒
　　C→G→E→F→J→D→H→I→A→B→K

という編年を得る。

　しかし、学生たちが提出した数十とおりの編年表の中には正解はない。そこで次のヒントを与える。

1　変化が直線的ではなく、たとえば2つの文化が合流して1つの文化を形成するということがある。
2　相輪・笠・基礎のそれぞれの部分を観察、分類してそれを総合するという方法が有効である。
3　Eは薄茶色の細かな砂岩で、他は伊豆半島真鶴で産する小松石という安山岩を用いている。

1週間後に、新たな編年表が提出される。作業の1例をあげてみよう。

　この学生はまず各部分を次のように分類する。
（相輪）A・I・D・F・H／C・E・G・J／B・K
（笠）A・B・K／C・E・F・I・H・G／D・J
（基礎）A・I／B・K／C・E・F・G／D・H・J

それを総合して第22図1のような編年を得る。H～DとF～Eとが結合してIが生まれ、それがA・B・Kへと発展する。

　各部分の分類は同じでも全く異なる編年表へと導かれる場合もあり、学生たちが作り上げた編年表はますます多様になる

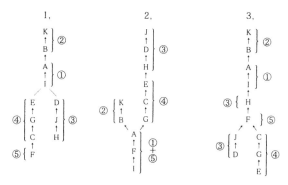
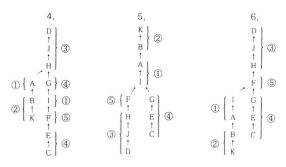

第22図　学生の作った編年表（A～Kは第21図に対応）

（第22図2〜6）。

　ここで、相輪・笠・基礎のそれぞれについて私が行なった型式学的分類を見てみよう。

（相輪の分類）

1　C・G・E；請花（下）の輪郭が直線的なもの。Eのように蓮弁が密に陰刻されているものと、Cのように省略されているものとがある。

2　A・D・F・H・I・J；請花（下）の輪郭が丸いもの。九輪の数や長さには多様性が見られる。

3　B・K；2の伏鉢に反花を被せ、さらにその下に請花を置いたもの。

（笠と隅飾の分類）

1　D・J；三角形の隅飾で、真中に小さな刻み目を持つもの。

2　C・E・F・G・H・I；隅飾の内側下半部が⌐形をなすもの。

3　A・B・K；隅飾の輪郭は2と同じであるが、渦巻を持つもの。さらに隅飾の外側のカーブの有無によってA・BとKとが区別される。

（基礎の分類）

1　D・H・J；基礎の上部が2つの段によって形成されているもの。

2　A・B・C・E・F・G・I・K；反花によって形成されているもの。ただし、A・Iの反花はかなり省略されている。

　総合すると次のようなイ〜ヘのグループを設定することができる。

イ　相輪1＋笠2＋基礎2を持つグループ；C・E・G

ロ　相輪2＋笠2＋基礎2を持つグループ；F・I

ハ　相輪2＋笠2＋基礎1を持つもの；H

ニ　相輪2＋笠1＋基礎1を持つグループ；D・J

ホ　相輪2＋笠3＋基礎2を持つもの；A

ヘ　相輪3＋笠3＋基礎2を持つグループ；B・K

〈形の変遷〉

さて、これらの宝篋印塔には造立された年代が彫られて

ヘ	B・K	1661年 1826
ホ	A	1650
ロ	I・F	1628 1615〜1620
ニ	D・J	1380 1615
ハ	H	1620
イ	C・E・G	1617 1613 1617

第23図　型式分類と実年代との対応

いる。それに従えばＡ～Ｋの年代は古い順に次のようである

　　　Ｄ　Ｅ　Ｊ　Ｃ　Ｇ　Ｈ　　Ｆ　　　Ｉ　Ａ　Ｂ　Ｋ

　1380　1613　1615　1617　1617　1620　1615-1620　1628　1650　1661　1826 年

まず私が行なった、イ～ヘの分類との対応関係をみてみよう（第23図）。

　各グループを年代順に並べれば、およそ、ニ→イ→ロ→ハ→ホ→ヘということになるが、矛盾が生じる。ニ（Ｊ）とイ（Ｅ）、ロ（Ｉ）とハ（Ｈ）とは逆転している。イ（Ｃ・Ｇ）とロ（Ｆ）も逆転の可能性がある。また、ニ（Ｊ）とロ（Ｆ）とはおよそ同時期である。実年代と型式学的作業によって得た順序とは必ずしも一致しない。

　次に個々の宝篋印塔を見てみよう。

　学生の編年作業を易くするために加えたＤは唯一室町時代の宝篋印塔で、同じ形の資料は神奈川県鎌倉市を中心として南関東地方に濃く分布している。

　この形を遡ってゆくと鎌倉市安養院（第24図上段1：徳治3年〔1308〕）などに見られる鎌倉時代後期の大形の塔を経て、神奈川県箱根町の箱根塔（永仁4年〔1296〕）に行き着く。関東地方では大和石大工大蔵安氏の出張製作によるこの塔を原点として宝篋印塔の歴史が始まる。この一連の流れを「鎌倉系」と呼ぶことにしよう。鎌倉時代後期に始まる鎌倉系は真鶴の小松石を用い、ほとんど形を変えずに室町時代に到り、その行き着いた最終的な形が江戸時代初期のＪ（第21図）である。

　このグループ「ニ」（Ｄ・Ｊ）とは相輪・笠・基礎の各部分が全く異なるのがグループ「イ」（Ｅ・Ｃ・Ｇ）である。ただし、この3者には次のような違いが見られる。

　1　Ｅは薄褐色の砂岩、Ｃ・Ｇは小松石を素材としている。

　2　ＣはＥと同形であるが、請花（下）には蓮弁が見られない。

　3　Ｇの請花（下）の蓮弁の数はＥと比べると少ない。またＧの笠の隅飾の間隔は広く、笠の最上段には露盤（四角い窓）が見られる。第24図上段に見られるように、露盤は鎌倉系の特徴であるが室町時代以降ではＤ・Ｊのように省略されることもある。

　さて、Ｅの素材の砂岩は江戸周辺のものではない。千葉県銚子・飯岡付近に類似の砂岩が分布しているが、その砂岩を用いたＥの形の宝篋印塔は関東地

第3節　接触による文化変容

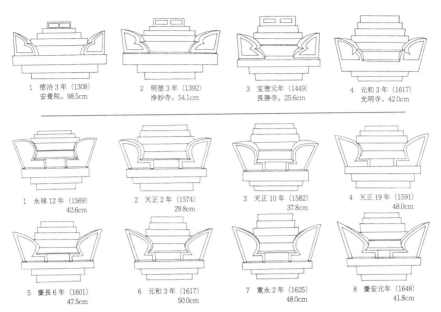

第24図　鎌倉系宝篋印塔（上段）と高野山系宝篋印塔（下段）の笠の変遷
いずれの系統も大きな変化は見られない。

方では見い出すことはできない。そこで幕府の移動に際して持ち運ばれてきたものと予想して関西地方一円を調査し、和歌山県高野山に全く同じ石材を用いた同形の資料を多量に見い出す（第24図下段）。年代の判明した資料は永禄12年（1569）から慶安元年（1648）にかけてであるが、無銘の資料からその形の成立はさらに遡ると予想される。

　この一連の宝篋印塔を「高野山系」と呼んでおく。幕府が江戸に移動するに際して高野山系の宝篋印塔が江戸に移入されたのである（2点確認：1613・1617年）。

　高野山系は和泉砂岩を用いている。したがって、形は全く同じであるが小松石を用いるCは高野山系を江戸でコピーしたものである。高野山系には請花（下）の蓮華が省略された資料はない。

　Gは同じく高野山系をコピーしたものであるが、隅飾の間隔が広く、笠上段に露盤を持つなど鎌倉系の特徴をも合わせ持っていることから2つの系統の折衷形と捉えられる。

　Gと同じように2つの系統の折衷によって形づくられたと捉えられる資料に

第2章　進化・発展か、変容か

はHとFとがある。

Hは相輪と基礎は鎌倉系、笠は高野山系である。ただし隅飾は小さく、鎌倉系の隅飾に似ている。

Fは相輪は鎌倉系、笠と基礎は高野山系である。

したがって江戸時代初頭の1615年前後の時期に、鎌倉系J、高野山系E、高野山系のコピーC、鎌倉系と高野山系との折衷形G・H・Fがほとんど並列して存在したことになる。

在来の鎌倉系を持つ文化に関西地方から高野山系が持ち込まれて鎌倉系は失われ、高野山系のコピーや両系の折衷形が試みられたのである。そうして、こうした試みの中で選ばれたのがF（元和型）で、この形がその後、明治時代にまで続く江戸系の宝篋印塔の原点となる。この元和型は元和から寛永にかけて（1623〜1647）大量に製作されて、Iのような簡略形を生み出す。

伏鉢（第25図）に反花が出現するのは寛永6年（1629）、隅飾に渦巻が出現するのは寛永8年（1631）で、いずれも突然のことである。鎌倉系にも高野山系にも見られないこの2つの特徴は北関東地方の室町期の宝篋印塔に由来すると考えられる（第26図）[2]。また1643年に現われる伏鉢の下の請花（第25図）も北関東地方の宝篋印塔に起源を持つ可能性がある。元亨2年（1322）に北関東地方に伝播した鎌倉系の宝篋印塔は在地の文化と融合して装飾的な系統を生み出し、その形が江戸時代初期に江戸系の宝篋印塔に部分的に取り入れられたと考えられる。

こうして、元和型（F）から寛永型（B）が成立する。そ

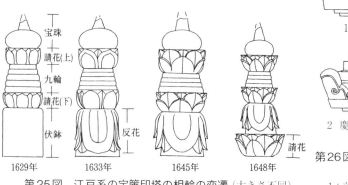

第25図　江戸系の宝篋印塔の相輪の変遷（大きさ不同）

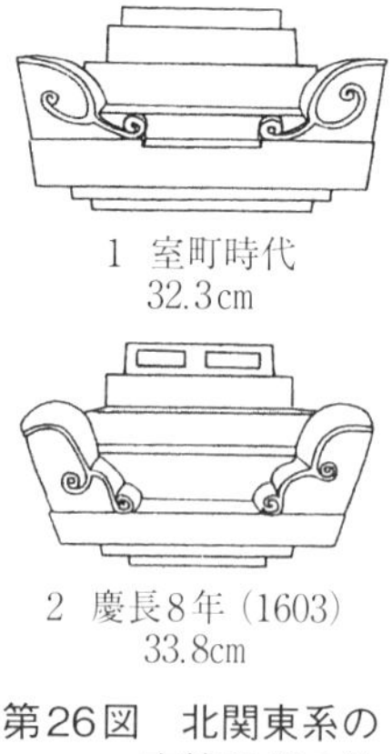

第26図　北関東系の宝篋印塔の笠
1：前橋、2：熊谷

第3節　接触による文化変容

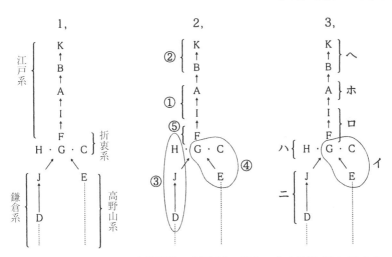

第27図　江戸における宝篋印塔の変遷(1)、学生による分類(第22図1)と
１との対比(2)、竹岡による分類(第23図)と１との対比(3)

して寛永型は時とともに変遷して、最終的には装飾過多とも思えるＫにいたる。

　総合すると、Ａ〜Ｋの編年は第27図１のように示される。学生たちが提出した「編年表」の中には１例の正解もなかった。私も正解には到らなかった。

　以上の編年作業の困難さの原因は２つの文化が融合して新たな文化を作り出すという現象にあるが、そ
れだけではない。作業の途
上に、江戸系の宝篋印塔の
笠部だけを学生たちに示し
て編年を作成することを求
めた（第28図）。

　すでにある程度の編年作
業を行なっていたにもかか
わらず正解は104名中の４
名にすぎなかった。

　（正解）Ｇ（1617年）→ Ａ
（1641年）→ Ｃ（1641年）
→ Ｆ（1656年）→ Ｅ（1694

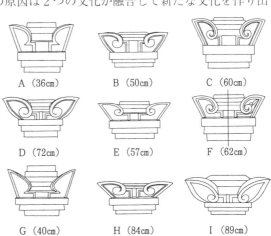

第28図　江戸系宝篋印塔の笠の変遷
（数字は隅飾両端間の距離。Ｆの火炎状の文様は必ずしも
時代を反映しない）

61

第2章 進化・発展か、変容か

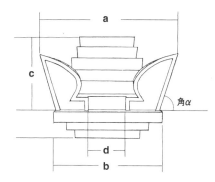

第29図　江戸の宝篋印塔の笠の測定

第4表　隅飾の間隔（d/b）の変化

年＼d/b	0〜	0.05〜	0.10〜	0.15〜	0.20〜	0.25〜	0.30〜	0.35〜
1600〜					5(1)	4(1)	1	2
1625〜			9	23	26	44	4	
1650〜		2	26	27	5	1		
1675〜		5	36	2				
1700〜	5	6	7	6				
1725〜	11	8	6	1				
1750〜	3	6	3	2	1			
1775〜	7	9	2	2				
1800〜	9	11	2	1				
1825〜	8	13	2					
1850〜	12	11	1					
1875〜	2	5						

第5表　上段の高さ（c/a）の変化

年＼c/a	0.1〜	0.2〜	0.3〜	0.4〜	0.5〜	0.6〜
1600〜			2	6	2(2)	1
1625〜		12	83	10		
1650〜		24	33	1		
1675〜	2	30	9	1		
1700〜	5	13	4			
1725〜	3	19	3			
1750〜	1	11	3			
1775〜		14	5			
1800〜	2	19	2			
1825〜		18	4			
1850〜		15	7			
1875〜		6				

第2表　隅飾の傾き（180°−角 a ）の変化
（数字は資料数：括弧内は高野山系）

年＼角α	90°〜	100°〜	110°〜	120°〜	130°〜	140°〜
1600〜	2	6(1)	3(1)			
1625〜		11	86	11		
1650〜			30	29	1	
1675〜			9	24	9	1
1700〜			5	9	7	2
1725〜			1	14	9	1
1750〜			1	8	6	
1775〜				11	8	
1800〜			1	6	15	1
1825〜				11	10	1
1850〜				10	11	2
1875〜				2	4	

第6表　上段の形（第30図）の変化
（Aの5〜2は段数、Dの1・2は第30図と対応。また％は全体の中でのAの比率を示す）

年	A 5	A 4	A 3	A 2	A 計	B	C	D 1	D 2
1600〜	11(2)	1			14 100%				
1625〜	32	61	17		110 100%				
1650〜	9	27	21		57 97%	2			
1675〜	2	11	13		26 76%	8			
1700〜		3	7		10 45%	9	2		1
1725〜		5	4		9 36%	11	1	1	3
1750〜		3	4	1	8 47%			1	2
1775〜		4			4 19%	13	3	1	
1800〜	1		4		5 23%	4	7	1	5
1825〜	2				2 18%	10	4	1	4
1850〜		2	1		3 12%	7	5	2	8
1875〜					0%	1	4	1	1

第3表　隅飾の大きさ（a/b）の変化

年＼a/b	1.1〜	1.2〜	1.3〜	1.4〜	1.5〜	1.6〜	1.7〜	1.8〜	1.9〜
1600〜	4(1)	4(1)	3						
1625〜	4	51	49	4					
1650〜	1	9	35	12	4				
1675〜	1	4	11	18	9	2			
1700〜			8	4	8	3			
1725〜		1	2	11	10	1			
1750〜		1	1	4	7	2		1	
1775〜				7	6	5	2		
1800〜			2	2	10	6	2	1	
1825〜				2	10	4	7		1
1850〜				3	8	10	2		
1875〜				2	2	1	2		

第3節　接触による文化変容

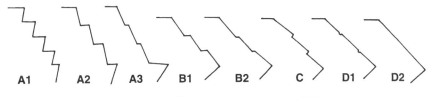

第30図　宝篋印塔の笠の上段の形の変遷

年）→ H（1717年）→ B（1723年）→ D（1797年）→ I（1868年）

G・A（元和型）、C・F（寛永型）、E・H（延宝型）、B（享保型）、D・I（安永型）と型式を設定する。

1系統の変遷にもかかわらず、どうしてこうも組列を作ることが困難なのだろうか。それは、GからIにいたる変化には4つの属性が関与しているからである。

1　隅飾に見られる渦巻き（無→有）
2　上段の高さ（高→低）
3　隅飾の傾き（直立→外反）
4　隅飾のカーブ（無→有）

まず元和型の段階で2が徐々に起こり、ついで1が起こって寛永型が成立する。そして、3とともに2の変化が加速して延宝型ができ上がり、それが行き着くころに4が試みられ始める（享保型）。そしてその変化が本格化するのが安永型である。

このように、江戸系の笠部の変化には4つの属性が同時にではなく、継起的に関与している。それが編年作業を困難にしている理由である。

笠の変遷を具体的に見てみよう。（第29・30図、第2～6表）。

時代とともに隅飾の傾きが大きく（第2表）、それとともに隅飾自体が大きくなり（第3表）、その結果、隅飾の間隔が小さくなっていく（第4表）。一方、上段の高さは低くなり（第5表）、さらに段は簡略化されて、最終的には消滅する（第30図、第6表）。

以上を総合すると、第31図のような編年表ができ上がる。

この編年表があれば江戸一帯に分布するすべての宝篋印塔に、たとえそれが無銘や笠部の断片であっても、時代的な序列を与えることができ、またその空間的な分布をおさえることができる。これが型式学の役割である。

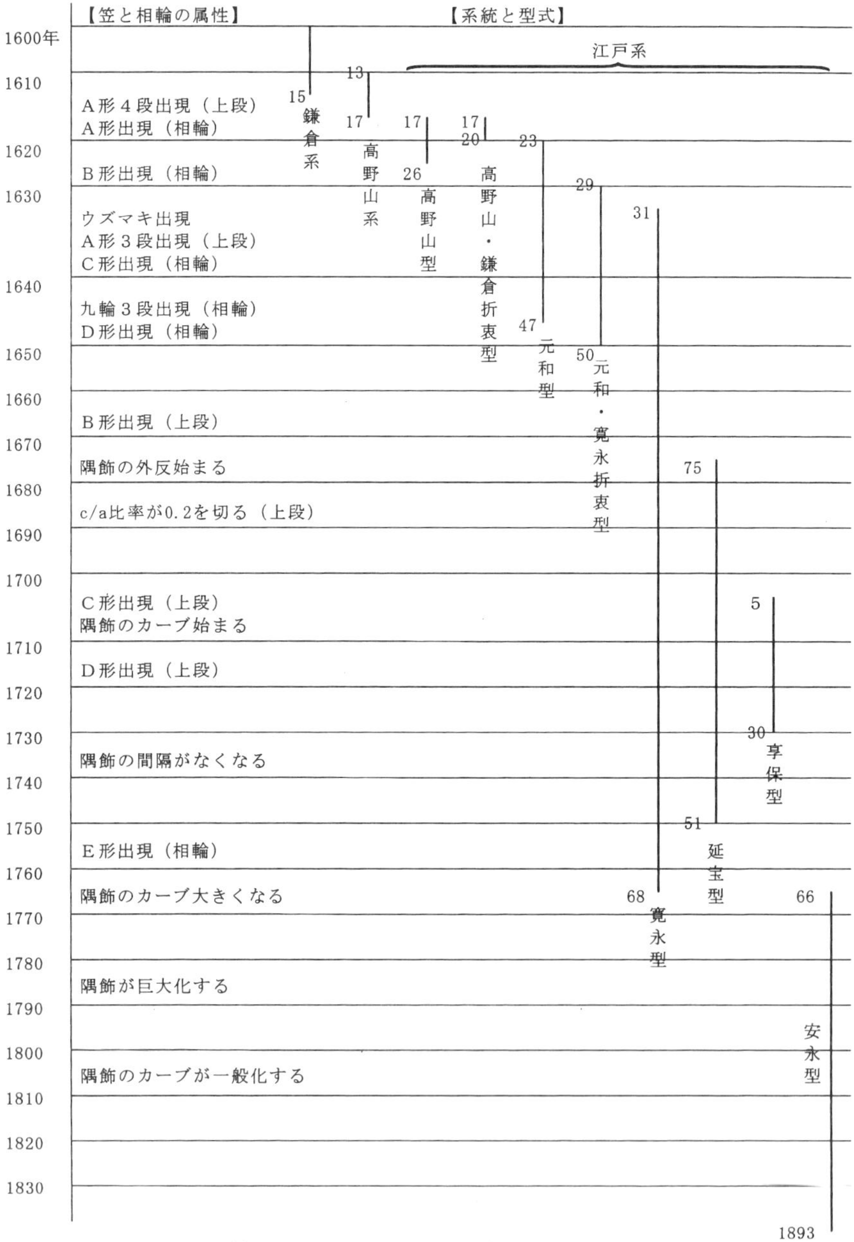

第2章　進化・発展か、変容か

【笠と相輪の属性】　　　　　　　　　　【系統と型式】

江戸系

1600年
1610

A形4段出現（上段）
A形出現（相輪）

1620

B形出現（相輪）

1630

ウズマキ出現
A形3段出現（上段）
C形出現（相輪）

1640

九輪3段出現（相輪）
D形出現（相輪）

1650
1660

B形出現（上段）

1670

隅飾の外反始まる

1680

c/a比率が0.2を切る（上段）

1690
1700

C形出現（上段）
隅飾のカーブ始まる

1710

D形出現（上段）

1720
1730

隅飾の間隔がなくなる

1740
1750

E形出現（相輪）

1760

隅飾のカーブ大きくなる

1770
1780

隅飾が巨大化する

1790
1800

隅飾のカーブが一般化する

1810
1820
1830

鎌倉系　高野山系　高野山型　高野山・鎌倉折衷型　元和型　元和・寛永折衷型　享保型　延宝型　寛永型　安永型

15　13　17　17　17　20　23　26　29　31　47　50　75　5　30　51　68　66

1893

第31図　江戸における宝篋印塔の変遷

しかし、型式学は江戸系の変遷の意味、たとえば安永型の巨大化した隅飾の意味を説明するものではない。

　そこで次に、この変化の「意味」を明らかにする。

〈形の意味と形の変化の意味〉

　江戸の宝篋印塔の歴史は4つの段階に分けることができる。

　第1段階はおよそ300年間続く鎌倉系の段階で、鎌倉時代後期からほとんど変化することなく江戸初期にまで到る。

　第2段階は鎌倉系と高野系とが出合って、この地域から特定の形が失われる江戸時代初頭、1613年からの十数年間である。在来の鎌倉系が否定されて高野山系を主体とするF（元和型：第21図）が選択されるのは、外来の高野山系が魅力あるものに見えたことによるものだろう。

　第3段階は元和型（F）が選択されてから1631年に寛永型（B）が形成されるまでの10年間弱で、この期間に北関東系の伝統を取り入れて江戸系特有の装飾的な形はおよそ完成する。

　そして第4段階はそれから260年間続く寛永型を原点とした変遷の期間である。

　時期によって形の変化のスピードが大きく異なることが理解される。つまり、1型式の存続期間の長短の問題である。その差はどのような理由によるものだろうか。

　鎌倉系が長期間ほとんど変化しないのは、中世の段階では形と内容、つまり宝篋印塔の形と宝篋印陀羅尼経の信仰とが不可分に結びついた安定した状態にあったからだろう。

　形は専ら象徴としての役割を果たして、その形は代々かなり忠実にコピーされてゆき、変化することがなかった[注]。300年間に見られる多少の変化は自然発生的、あるいは室町期の宝篋印塔の普及に伴う小形化と簡略化によるもので、意図的な変化は見られない。

　しかし、江戸時代初頭の混乱の中で一定の形は失われて、形と内容との関係は一旦破綻する。いくつかの試みの中から生まれた折衷形の一つ元和型（F）が江戸に集まってきた、とりわけ大名たちの墓として採用されることによって急激に大形化し、基壇も重ねられて高く高くそびえることになる。たとえば文

第2章　進化・発展か、変容か

京区吉祥寺には島津家の見事な元和型の塔が残されている。非宗教的な装飾化が始まるのも、この大名クラスの大形の塔からである。瞬く間に、隅飾の渦巻、相輪の反花、請花が現われて華やかな塔が生まれる。あるものには笠に細かな唐草文が陰刻される。それを武士階級の中形の塔が追う。こうして江戸は瞬く間に寛永型（B）一色に覆われ、この型式が江戸の宝篋印塔のスタンダードとなる。

　その後の変化は専ら笠部に見られ、隅飾は傾き、さらに外反して巨大化してゆき、下から見上げる者を渦巻きが威圧するようになり、逆に下からは見えない笠の上段が省略されてゆく（第30図）。また、相輪は大きく高くなり（第21図B・K、第25図）装飾的・威圧的になる。巨大な塔では基壇部にも華美なレリーフが施されるようになる。

　元和型以降の江戸系の宝篋印塔の形は、中世のように象徴的な意味と結合しているというよりはむしろ、自らの家＝藩の威信を示し他者を威圧する威信具としての装飾的な役割を持っている。そして、形が象徴のように明確な内容（意味）と結合せずに専ら感性的な内容（重々しい、かっこいい、など）と結合しているために、その形は比較的自由に変化し、流行が生まれた。

　したがって、江戸系に見られる宝篋印塔の巨大化や装飾化は、武士や大名という階級と彼らが各地から集まった江戸という特殊な環境の中で起こり得た現象である。

　当時の社会状況が分かっていることから、このように宝篋印塔の変容の意味を知ることができる。しかし、考古学では通常、こうした社会状況を知ることができない。むしろ、考古学資料から社会的状況を復元するのがこの学問の目的である。そして、それをどのようにして実践するかが最大の問題である。

　具体的に旧石器時代と弥生時代に起こった文化接触の様相を見てみよう。

（注）象徴の永続性を示すものとして「オラショ」を示す。
　　　長崎県・生月島の隠れキリシタンの人たちが唱えるオラショ（祈り）は16世紀のスペイン・グラナダ地方で歌われたグレゴリオ聖歌だった
　　　原典とオラショ（A部落）
　　　　オー　グロリオーザ　　ドミーナ
　　　　O　gloriosa　　Domina →ぐるりよーざ　どーみの
　　　　エクセルサ　スーペラ　シーデラ
　　　　excelsa　supra　sidera →いきせんさ　すんでら　しーでら
　　　　クイ　テ　クレアビト　プロービデ
　　　　qui te creavit provide →きてや　きゃんべ　ぐるーりで
　　　　ラクタスティ　　サクロ　　　ウーベレ
　　　　lactasti　sacro　ubere →らだすれ　さあくら　おーべり [3]

第3節　接触による文化変容

神と信者達とをつなぐ祈りの言葉は、意味が分からないまま数百年間、口から口へと伝えられ、大きく変わることはなかった。

B 「国府系文化」の東進と「切出形石器文化」の成立（第32図）

20〜30万年前に、ホモ・ハイデルベルゲンシス（旧人）が南方から日本列島に到来して生き延びた。彼らは瀬戸内地方ではサヌカイトを素材とした、ハンドアックスやクリーバー、瀬戸内技法などを組成とする文化を持っていた。そして後期旧石器時代には瀬戸内技法とそれから剥離された翼状剥片を素材とした国府系ナイフ形石器（第32図1〜4）、舟底形石器（5・6）を主な組成とする「国府系文化」を形成した。

一方、後期旧石器時代の初頭に、北方から間接打撃による石刃技法と二側縁加工のナイフ形石器を持つ「茂呂系文化」（第14図参照）が日本列島に流入し

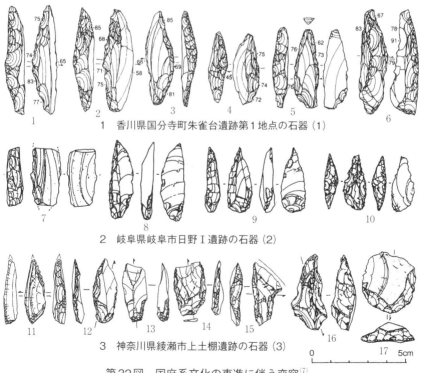

1　香川県国分寺町朱雀台遺跡第1地点の石器（1）
2　岐阜県岐阜市日野Ⅰ遺跡の石器（2）
3　神奈川県綾瀬市上土棚遺跡の石器（3）

第32図　国府系文化の東進に伴う変容[7]

67

て、南下する。

　遺跡の石器製作工程（第 10 図；p.25）の復元作業によると、国府系文化は武蔵野台地第Ⅳ層下部（第 13 図；p.39 参照）ころに東進して、中部地方から関東地方で茂呂系文化と接触したと判断される。その過程で国府系文化は茂呂系ナイフ形石器を模倣して、「疑似茂呂系ナイフ形石器」（第 32 図 8・9・12・15）を作り、サヌカイト以外では製作が難しい瀬戸内技法は関東地方では退化して（7・11 は残存した国府系ナイフ形石器）、不定形な剝片を剝離する剝片剝離技法が主体となっていく。この不定形剝片を剝離する剝片剝離技法と疑似茂呂系ナイフ形石器、舟底形石器（関東では角錐状石器と呼ぶ：16）の組み合わせが、かつて「切出形石器文化」と呼ばれていた文化である。

　諏訪間は、「第Ⅲ期（第Ⅳ層下部）の段階に、南関東地方の台地に茂呂系ナイフ形石器に代わって切出形石器を主体とする石器群が集中する傾向が見られるのは、AT 降灰を含む最終氷期最寒冷期への環境変化に適応するための適応戦略である」と述べていたが（第 2 章第 1 節）、実際には南関東地方のこの時期に茂呂系文化に代わって、国府系文化から変形した「疑似茂呂系ナイフ形石器＝切出形石器」を持つ文化（第 20 図；p.53 の柏ケ谷長ヲサ系文化）が広く分布していたからである。

　なぜ国府系文化人は茂呂系文化を模倣したのだろうか。

　疑似茂呂系ナイフ形石器と茂呂系ナイフ形石器とは、平面形は似ていても、素材の違いによって厚さ＝刃先角に大きな違いが見られるから、疑似茂呂系ナイフ形石器は機能的には茂呂系ナイフ形石器より劣っていただろう。模倣は道具の機能の問題以上に、ホモ・ハイデルベルゲンシスが、ホモ・サピエンスの持ち物は何らかの「呪的力」を持つと考えた結果ではないだろうか。ただし、国府系文化人は茂呂系文化人とは直接的には交わってはいないと考えられる。両者が混交したような遺跡は見られない[7]。

C　弥生文化の成立

　紀元前 10 世紀の頃、朝鮮半島南部の嶺南地域や湖南地域から、北部九州の玄界灘沿岸に水田稲作などの大陸系文化を持った渡来人が上陸した。そこから弥生時代が始まる。

未だに解決されていない大きな問題は、その後の弥生文化を創ったのは、渡来人か、縄文人かということである。

　渡来直後の弥生時代早期（縄文時代晩期）の遺跡では渡来系の土器と縄文系の土器とが混在し、しかも縄文系の土器の方が多い。さらに渡来系の石器と縄文系の石器とが混在している。

　解決を困難にしているのは、北部九州で出土している数千体の弥生人骨のほとんどが前期末以降のもので、縄文から弥生への移行期の資料が欠落していることである[8]。したがって、人骨からも明確な結論を出すことができない。

　今日、考古学研究者の中では、渡来人がもたらした水田稲作農耕を受け入れた縄文人が主体となって農耕社会に移行したという意見が強い。

　縄文時代晩期・弥生時代早期に何が起こったのか、見てみよう。

〈渡来したもの〉

　渡来人がもたらした最大のものは水田農耕の技術である。下條信行は次のように述べている。

　　　　板付遺跡では住居地帯となった低い台地の西側縁辺に水田を築き、ここに河川から幅二㍍、深さ一㍍、断面Ｕ字形の人工の大水路を南から引き、灌漑農耕をおこなっている。その長さは１㌔以上にも及ぼうかという。この水路のなかに杭・丸太・粗朶・草などを組み合わせて堰を造り、それによって水位を高め、田に導水している。田は水路の西に開き、田と水路の間には、幅広で高めの土手を設けて、両者を分けている。堰に貯水された用水は、この土手を割った小水路を通して、耕地に導水されるようになっているが、小水路中にも杭・矢板を打ち込んで、流量の微調整がはかれるようになっている。また、上流で導水された用水は、下流でふたたび大水路に回収できるよう、大水路に向けた小水路も設けている。このように、稲作開始早々から引水・導水・回水が可能な相当に高度な灌漑農耕であったといえる。田は畦によって区画され、その畦には木板をはって杭留めするなど畦の補強もおこなっている。田は水平な低段丘上に開かれているため、水田一枚の大きさが数百平方㍍にもなる大区画である[9]。

このような水田農耕を行なうためには、正確な土木工事、１年間を要する完

第2章　進化・発展か、変容か

成した農耕技術、そしてそのための道具がなければならない。

　福岡県江辻遺跡では、円形住居跡の中央に長楕円形の浅い掘り込みを持ち、その両側に各1個と、住居跡周壁との中間に同心円状に巡る数個の柱穴が配された、朝鮮半島南部の初期稲作期の遺跡に見られる「松菊里」型と呼ばれる住居址が9棟出土した。

　木製農耕具は、福岡県板付遺跡や佐賀県菜畑遺跡から、木製の鍬とえぶり（長い柄の先に横板のついたもの）、福岡県雀居遺跡からは諸手鍬のほかに平鍬や鋤、さらに竪杵が出土し、耕起から脱穀までの基本的な木製農具は稲作が伝来した時から備わっていた[9]。農具にはクヌギ節が用いられていたが、同じ段階の半島と同じ素材である[10]。

　石器については、菜畑遺跡では、渡来したと見られる擦り切溝を持つ石庖丁、扁平片刃石斧（第37図上段3；p.80）、磨製石剣、磨製石鏃が出土している。また、福岡県曲り田遺跡の抉り入柱状石斧（同2）にも、渡来品と思われるものがある。

　石材については、縄文時代後晩期の小形片刃石斧や伐採石斧は蛇紋岩系の石で作られているが、稲作伝来以後の扁平片刃石斧は半島と同じ粘板岩系の石で作られ、石庖丁も半島と同じ砂岩を主に使っている。

　製作技術も伐採石斧をのぞく、抉り入柱状石斧、扁平片刃石斧、ノミ形石斧（同4）・石包丁などの大陸系磨製石器は半島と共通し、縄文時代とは異なる[11]。

　こうした状況をみると、渡来人が主体となって弥生文化を創ったように見える。

〈縄文系の石器〉

　しかし、集落の中では渡来系の石器と縄文系の石器とが混在している。佐賀県菜畑遺跡では、縄文系の石斧、打製石鏃、石匙、打製石鍬、石錐、石銛などの石器が伴い、福岡県曲り田遺跡などでも縄文系の石器が伴っている[9][11]。

　そこから下條は次のように述べる。

　　　初期農村集落から出土する狩猟具である石鏃の圧倒的中心は縄文系譜の打製石鏃である。いうまでもなく、狩猟に携わるのは男性であり、初期農村集落には在来人男性も住んで活動していたことを示している。同じく集落からの紡錘車の出土は渡来女性の存在を示している。これらの事実からすると初期農村集落には渡来男性も渡来女性も在来男性も在来女性も住ん

でいたとみるのが実際に近いのではないか[11]。

〈支石墓〉

 このような説明から、渡来人と縄文人が１集落内で共存していたように見えるが、異なる状況も見られる[12]。

 朝鮮半島から渡来したと考えられる支石墓が分布するのは玄界灘沿岸・佐賀平野・長崎県北部の北松浦半島周辺・南部の島原半島周辺で、夜臼式土器（後述）の分布圏の西半部である。福岡市西端の糸島半島の前期初頭の新町遺跡では、支石墓から、低顔・低身長の縄文人と考えられる人骨が出土した。抜歯の形式も縄文人と同じで、その後、佐賀県大友遺跡などでも同じ特徴を持つ人骨が確認された。

 糸島平野では磨製石鏃や朝鮮半島松菊里遺跡と類似した碧玉製管玉など朝鮮系遺物が見いだされる一方、長崎県では鰹節形大珠や土偶など縄文系の遺物が伴う。

 夜臼式土器の後半の時期になると板付Ｉ式土器が出現し、集落遺跡では両者は共存するが、墓地では共存せず、夜臼式には支石墓、板付Ｉ式には土壙（木棺）墓と作り分けられ、両者は排他的な関係にあったと考えられる。そして、その排他性は解消されることはなかった。

 北部九州では板付Ｉ式土器出現後、土壙墓から甕棺墓へと展開するのに対して、支石墓は夜臼式の終焉とともに消滅に向かった。ただし、長崎県では前期後半（板付Ⅱ式）、五島列島でも前期末～中期初頭まで、熊本県から鹿児島県でも支石墓は後まで残った。

〈土器の様相１…弥生時代早期の状況〉

 そして問題は土器である。弥生土器（板付Ｉ式）が渡来系土器を祖形とするのか、縄文土器を祖形とするのかの議論は今日でも続いてる。

 弥生時代早期から前期にかけての土器編年は、山ノ寺式（縄文晩期後半）→夜臼Ｉ式→夜臼Ⅱa式→夜臼Ⅱb式＋板付Ｉa式→板付Ｉb式とされ、水田農耕は山ノ寺式の段階から始まり、夜臼式も縄文土器の突帯文土器の伝統を持っている。

 三阪一徳による土器の分析的な研究がある。その要点は次のようである[13]。

第2章　進化・発展か、変容か

朝鮮半島南部、湖南地域と嶺南地域南部の、青銅器時代前期中葉から後期後半（欣岩里式期から松菊里式期）と、日本列島の玄界灘沿岸を中心とした北部九州の、黒川式期（縄文時代晩期前半）から板付Ⅰ式・夜臼Ⅱb期の土器を対象として、A粘土帯の積み上げ方法、B器面調整方法、C焼成方法、を分析して比較する。

　A　粘土帯の積み上げ方法（第33図）

　粘土帯幅と接合面長および、接合面の傾きをそれぞれ分類して組み合わせる。そして、

　① 粘土帯幅と接合面長を「幅狭粘土帯」と「幅広粘土帯」に分類し、

　② 接合面の傾きを「水平」、「内傾」、「外傾」に分類する。

　①と②を組み合わせると、日本列島では、「幅狭粘土帯―水平」、「幅狭粘土帯―内傾（いわゆる内傾接合）」、「幅広粘土帯―外傾（いわゆる外傾接合）」、「幅広粘土帯―複合」の4種類が確認される。

　B　器面調整方法

　① 木製板工具調整と、

　② 非木製板工具調整、に大別する。

　C　焼成方法

　① 覆いを用いない開放型野焼きと、

　② 覆いを用いた覆い型野焼き、に分ける。

　北部九州の黒川式は、「幅狭粘土帯―水平・内傾接合・非木製板工具調整・開放型野焼き」の組み合わせである。一方、朝鮮半島南部青銅器時代前期中葉から後葉は、「幅広粘土帯―外傾接合・木製板工具調整・覆い型野焼き」の組み合わせであるから、半島と黒川式には共通性は見られない。

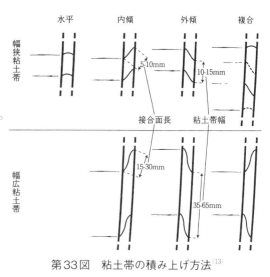

第33図　粘土帯の積み上げ方法[13]

次に、晩期末の夜臼Ⅰ式の器種の組成を第34図に示す。

器種は、①形態的に黒川式に系譜を求められるもの（黒川式系；第34図1〜10）、②朝鮮半島南部に系譜が求められるもの（朝鮮半島南部系；9〜13）、③黒川式にも朝鮮半島南部にも形態が共通するものがなく何らかの変容により創り出されたもの（変容型；14〜17）の、3つに分けられる。

しかし、朝鮮半島南部の土器そのものと見られるものはごく一部に限られ、朝鮮半島南部系とした土器の大半は、形態やサイズに変容が見られる。

次に、夜臼Ⅰ式と、それに併行する朝鮮半島南部の青銅器時代後期前半の土器の製作技術を比較すると、朝鮮半島南部は前段階と同じように、「幅広粘土帯—外傾接合・木製板工具調整・覆い型野焼き」である（第33図）。

一方、北部九州の夜臼Ⅰ式は、黒川式から続く製作技術が中心となるが、朝鮮半島南部の要素が一定の比率で組み込まれている。粘土帯の積み上げは、黒川式以来の「幅狭粘土帯—内傾接合」が高い比率を占めるが、朝鮮半島南部と

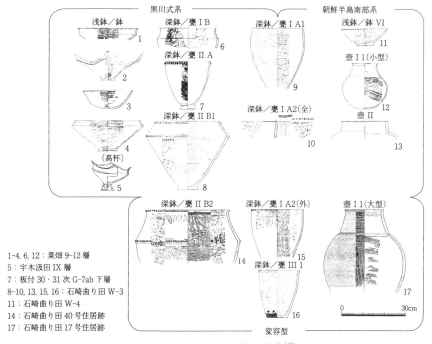

第34図　夜臼Ⅰ式の器種の組成[13]

共通する「幅広粘土帯―外傾接合」が5%以上認められるようになる。

　また、黒川式には「幅狭粘土帯―水平接合」のものが少量存在したが、夜臼Ⅰ式には見られず、内傾接合に統一される。器面調整は、黒川式以来の非木製板工具調整が約70%を占めるが、木製板工具調整および外面縦方向のナデ調整が合わせて約20%見られ、両者が混在するものも見られる。

　夜臼Ⅱa式から板付Ⅰ式・夜臼Ⅱb式の器種の組成は、黒川式に系譜を持つ器種が減少すると同時に、朝鮮半島南部からの形態的な影響も見られなくなる。その一方で、変容型あるいは在地化した形態の器種が中心となり、器種のバラエティも減少していく。

　さらに、製作技術は、夜臼Ⅰ式から板付Ⅰ式・夜臼Ⅱb式に向かうにつれて、朝鮮半島南部系の比率が高くなり、黒川式系のものは減少する。しかし、土器の形態に朝鮮半島南部の影響がほとんど見られなくなることから、この変化は、並行する時期の朝鮮半島南部からの影響によるものではなく、夜臼Ⅰ式期に定着した朝鮮半島南部系の製作技術が増加したと考えられる。なお、焼成はほぼすべての器種で朝鮮半島南部系技術の覆い型野焼きに転換している。

　夜臼Ⅰ式期の曲り田遺跡では、同一住居址に黒川式系、朝鮮半島南部系、変容型土器が共伴し、それらが住居址ごとに分かれるわけではない。

　次に、器種ごとに、粘土帯の積み上げと器面調整の技術の比率を見ると（第35図）、

　深鉢／甕Ⅱ類・浅鉢／鉢（X：下段）：黒川式系の技術が中心で、朝鮮半島南
　　部系の技術は少量である。

　深鉢／甕ⅠA1類・壺（Y）：黒川式系の技術中心で、朝鮮半島南部系の技術
　　が数割含まれる。

　深鉢／甕ⅠA2・Ⅲ1（Z）：朝鮮半島南部系の技術が中心で、黒川式系の技
　　術は少量である。

という3つのグループに分けられる。

　縄文時代には見られなかった壺は形態的な系譜は朝鮮半島南部にあるにもかかわらず、製作技術は黒川式系が優勢である。

　粘土帯の積み上げと器面調整との関係をみると、黒川式系の技術同士や朝鮮半島南部系の技術同士のつながりが強いが、2系統の技術が共存する例が一定

第3節　接触による文化変容

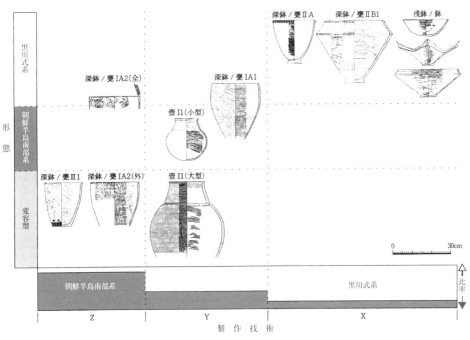

第35図　夜臼Ⅰ式期の土器の形態と製作技術[13]

の比率で見られる。

　このように、黒川式系と朝鮮半島南部系とに区分できないものが少なからず存在することから、土器の製作技術の違いが、製作者の違いを直接的に示しているわけではないといえる。1人の土器製作者が黒川式系と朝鮮半島南部系の一方だけでなく2つあるいは混合した技術をもち、器種ごとに製作技術を使い分けていた可能性も十分にある。したがって、夜臼Ⅰ式期の土器は、朝鮮半島南部からの渡来人が作ったのか、黒川式の文化に属していた縄文人の作ったのかを区別することは困難である。

　三阪が明らかにしたこのような状況は、縄文土器が朝鮮半島系の土器の影響によって変容したことを示している。製作者は縄文人である。そして、黒川式では見られなかった壺の製作や、外見だけでは捉えることのできない半島の技術の存在（たとえば粘土帯の積み上げ方）は、渡来人の指導の下に土器が作られた事を示している。

75

第2章　進化・発展か、変容か

　今日まで多くの弥生時代早期の土器編年が試みられてきたが、研究者がこの
時期の、とりわけ直線的な編年表を作ることは不可能だろう。江戸時代の江戸
に高野山系の宝篋印塔が持ち込まれて、在来の伝統が破壊され、多様な形が生
まれたのと同じような、さらに複雑なことが縄文時代の終わりに北部九州で起
こった。宝篋印塔の場合には、混乱の後に元和型—寛永型がスタンダードとな
るが、土器の場合は板付Ⅰ式がスタンダードとなってその分布を広げていく。

　縄文時代晩期の土器に何が起こったのかを確認するために、弥生時代のもう
1つの文化接触の事例を見てみよう。

〈土器の様相2…弥生時代前期末～中期の状況〉[14]

　弥生前期末から中期にかけて、渡来人が再び北部九州に上陸した。片岡宏二
によると、朝鮮系無文土器や擬朝鮮系無文土器（弥生土器の影響を受けて変容し
た朝鮮系土器）が出土する遺跡には、玄界灘沿岸部に点在する「島嶼分散タイ
プ」と、北部九州内部に集中する「内陸集中タイプ」とがあるという。

　島嶼分散タイプの遺跡から出土する土器は少なく、小規模な交易や偶然の漂
着によってもたらされたものと考えられる。

　内陸集中タイプの遺跡は、「諸岡タイプ」と「土生タイプ」に分けられる。

　諸岡タイプの特徴は次のようである。

① 弥生前期末の短い時間に限定される。

② 擬朝鮮系無文土器をほとんど含まず、朝鮮半島の無文土器とまったく違
　いのない製作技術・形態をした土器が出土する。

③ 既存の弥生集落の一角に移住して、弥生人住居群と近接しながらも、一
　定の間隔をもって生活が営まれる。

④ 突如断絶して、その影響を周辺遺跡に与えない。

　一方、土生タイプは次のようである。

① 弥生時代前期末から中期前半に及ぶ。

② 徐々に弥生土器化していく擬朝鮮系無文土器が大半を占める。

③ 既存の弥生集落に依存する形で入ってきて、弥生集落の中でもかなり大
　きな規模を占めるようになる。

④ 周囲の集落にもさまざまな影響を与えると同時に、自らの集落も弥生文

　　　　　　　　　　　　　　　　　　　　　第3節　接触による文化変容

化の影響が強く見られる。

　擬朝鮮系無文土器が多量に出土した佐賀県小城郡三日月町（現・小城市）土生
遺跡などでは、朝鮮系無文土器が弥生土器化していく過程が見られる（第36図）。

　土生Ⅰ式期では土生遺跡の限られた部分にしか集落は見られない。弥生土器
の影響を受けた初期の段階で、甕では回転台の不使用など、朝鮮系無文土器の
製作技術の多くが踏襲されている。壺には牛角把手付壺が見られるが（第36
図6）、肩にヘラで描かれた複線連弧文があり、明らかに弥生土器化している。

　土生Ⅱ式期には定着した集団が拡大して、分村化の傾向が見られる。土生遺
跡で出土する擬朝鮮系無文土器の中では最も量が多く、擬朝鮮系無文土器の技
術が周囲の遺跡に影響を与えた段階で、佐賀平野では擬朝鮮系無文土器の影響
を受けて、弥生土器が変化する現象も見られる。甕には、弥生土器の影響が現
われる（同図8・9）が、未だに回転台の使用は見られない。以上の土生Ⅰ式・
Ⅱ式は中期初頭の弥生土器と共伴関係にある。

　土生Ⅲ式期は渡来人集落が北部九州の弥生社会の中に埋没していく最後の段
階で、擬朝鮮系無文土器に見られる伝統的な技法の多くは姿を消すが、すべて
の器種に擬朝鮮系無文土器の技術が残され、弥生土器と区別することができる。

　まとめると、前期末〜中期に渡来人がやってきて弥生人、つまりかっての渡
来人の集落に入る。彼らは渡来系土器を作り続け、多少は弥生土器化するが、
本質的に変わることはない、ということである。彼らは弥生人と同じような顔
つきをして、ことばも通じ、およそ対等だったのだろう。渡来人が在来の縄文
系の土器を使う弥生時代早期の状況とは全く異なる。

〈伐採石斧〉

　縄文人が弥生文化を創ったとする縄文人主体論の根拠は、渡来系土器より縄
文系土器の方が多いことと、伐採石斧が縄文時代の技術で作ってあるというも
のである（第37図上段B1；p.80）。

　下條は次のように述べる[10]。

　抉入（柱状）石斧以下には半島からの持ち込みがあるのに、伐採石斧は1例
ほど辛うじて半島厚斧に属する可能性のある例が福岡県曲り田遺跡にあるが、
これを除くと他に見ることはない。「渡来人の道具箱に伐採石斧は納められな

77

第 2 章 進化・発展か、変容か

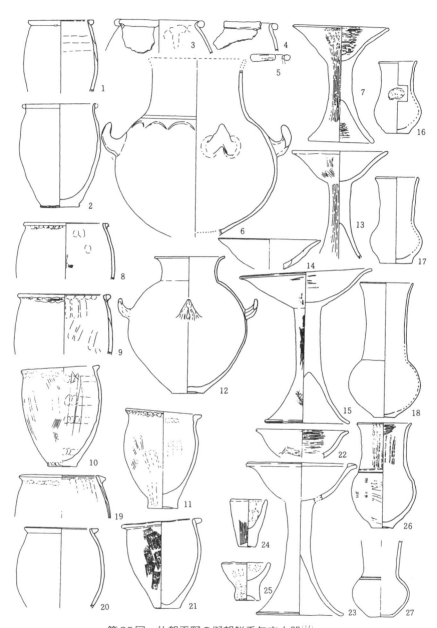

第36図 佐賀平野の擬朝鮮系無文土器[14]
1〜7：土生Ⅰ式、8〜18：土生Ⅱ式、19〜27：土生Ⅲ式

かったのである」[11]。

そこで、縄文人は自らの縄文時代の石斧にあれこれ手を加え、工夫を積み重ね、時間を掛けて、徐々に厚斧化への道をたどった、とする。そして、板付I式期にはじまる厚斧化への試行は次のようだった、と考える[10]（第37図下段）。

① 平面長方形化への試行：基端を拡張して刃部と同幅とし長方形化を図る。しかし、薄斧のまま行なうので、重量増の効果は薄く、強靭化には繋がらない（第37図下段1）。

② 大形化への試行：平面形態と厚さは維持したまま、長さ、幅を拡大しようとする試みである。大形の扁平な礫を選材し、周縁に簡単な加工を施して重さの増加を狙ったものである。…所詮素材の形と大きさに依拠した縄文的製作技法によるものである（同2）。

③ 厚斧化への試行1：やや厚みと幅のある横断面方形の方柱状の自然礫を選び、四稜部に調整剥離加工を施して仕上げる。…素材に厚さがあるので厚斧化の過程品らしくなる。ただし剥離がエッジ周辺の小剥離に留まるので、自然素材が持つ歪みは矯正できず、製品にそれが反映する。大剥離を加えて製作しない点は縄文的技法に通じている（同3）。

④ 厚斧化への試行2：棒状の自然円礫を素材としたもので、平面を長方形に整えるようになる。ただし③と同様、縁部加工による成形に留まるため自然礫が持つ歪みや曲りまで矯正できず、…均整のとれた石斧はできていない（同4）。…素材は大形化したが、剥離は縁部の小剥離で作るという縄文的技法なので、その後の厚さ調整と成形は敲打に依拠するため、完成にいたるには膨大な時間を要する。

この変化が300〜500年間の試行錯誤の結果であるとして、下條は次のように述べる。

　　こうした伐採能力の低い斧による伐木では当然スピーディで効率的な可耕地での伐採や硬質堅緻な用材の確保にはほど遠く、農地化はおのずからスローなものにならざるをえなかったであろう。…渡来人が低質の伐採斧を使うスローな開発に自ら率先してかかわるはずもなく、それをなしたのは「高速」とか「システム」とかにまだ縁の薄い在来人（縄文人）を措いて他にないであろう[10]。

第2章 進化・発展か、変容か

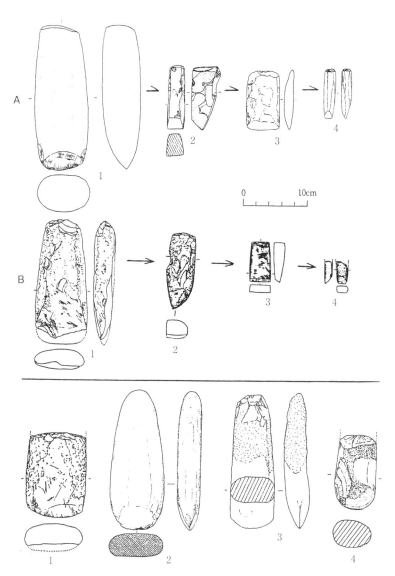

第37図　上段；「半島（A）と列島（B）の稲作開発基盤工具のラインアップ」[10]
　　　1：伐採石斧、2：抉り入柱状石斧、3：扁平片刃石斧、4：ノミ形石斧
　　　下段；「伐採石斧の厚斧化過程」（下條[10]を一部改変）

第3節　接触による文化変容

　　… 数千年の間、自然を活かし、自然と共棲してきた在来人が突然の急
　　速開発になじむはずもなく、在来人がその歴史的体質に応じゆっくりした
　　開発を心がけたその結果が前からなじんでいる縄文系の低質な伐採石斧の
　　投入とみられます[11]。

　しかし、下條の述べる①〜④の「石斧の発展」には剥離技術や素材製作の発
展は見られない。違いがあるとすれば技能的な違いである。石器研究者から見
れば、このような石器の「進化・発展」はない。下條が示す石斧類は、石鏃な
どと同じように縄文人の日常生活を支えていたものだろう。

　渡来系の石器は、その形状や石材から、半島の石器を知る渡来人が作り使用
したと考えられるから、彼らが必要なら、伐採石斧（第37図上段A1）も作った
だろう。渡来にあたって伐採石斧がもし「道具箱の中に納められなかった」[10]
のであれば、渡来人がそれを必要としなかったとしか考えようがない。

　それにしても、縄文人が数百年をかけて伐採石斧を作り出したというのなら、
共生しているはずの渡来人は何をしていたのだろうか。効率の悪いスローな作
業をただ見ていたのだろうか。もうすぐ戦争の時代である。弥生時代前期末以
降になると、石鏃が刺さった骨や銅剣や石剣で切られたり刺された骨、あるい
は首を切られたり、首だけが埋葬された甕棺などが続々と現れる。

　本格的な伐採石斧は、福岡県今山遺跡に代表されるように、弥生時代前期末
〜中期から製作されるが、製作者は渡来人だろう。

〈形質人類学研究者の意見〉

　考古学研究者たちが縄文人主体論を論じる一方、形質人類学研究者たちは、
一貫して、弥生文化を創ったのは渡来人であると主張し続けてきた。

　中橋孝博は次のように述べている[15]。

　　北部九州の弥生中期頃に集中して出土する人骨は、大陸の人々に非常に
　　よく似た特徴を持っている。もし、渡来人が土着縄文人と頻繁に混血した
　　のなら、当然、両者の中間型や中には縄文人にそっくりの人もかなりの割
　　合で混じっているはずである。ところが当地の弥生人の特徴はそうはなら
　　ず、全体的に見た場合、ほとんど大陸の人そのものに近い特徴になってし
　　まっている。細かく計測して比較しても、…縄文人的特徴の持ち主は当

第2章　進化・発展か、変容か

　　時の北部九州ではせいぜい1〜2割程度という結果になった。つまり、遅
　　くとも弥生時代の中頃になると、この地域の住民はそのほとんどが大陸人
　　的特徴の持ち主で占められていたのである。

　前期末の甕棺から見つかる人骨は99％が渡来人であるという調査結果もあ
る[16]。

　形質人類学研究者が渡来人が弥生文化を創ったと主張する根拠は次のよう
な分析結果にある[15]。

　　第38図1：面長さの程度を顔の幅と高さの比率で表し（上顔示数）、それ
　　　　を北部九州・山口と関東での変化を重ね合わせる。弥生時代になると北
　　　　部九州・山口では急激に高顔化して、関東地方と大きな差が生まれる。

　　第38図2：判別関数法を用いて頭蓋各部の変化を統合した形で時代変化
　　　　を追うと、縄文と弥生の間にはほとんど重なりがなく、第2判別関数で
　　　　は隙間さえ空いている。

　　第38図3：前頭骨と鼻骨、それに上顎骨の突出度を比較すると、縄文人
　　　　と較べて、北部九州・山口地方弥生人の扁平性は際立っている。そして
　　　　この鼻の低い扁平顔が、今日まで日本人の共通した特徴となって引き継
　　　　がれている。

　　第38図4：因子分析を用いた、歯の種類別の大きさの比較。北部九州弥
　　　　生人の歯が最大で、縄文人やアイヌがその対極にある。そして、弥生人
　　　　以降の日本人の折れ線のパターンと、縄文人やアイヌなどのパターンは
　　　　異なり、縄文人と弥生人では、歯のつくりが違うことがわかる。さらに、
　　　　弥生人以降の日本人は、上顎切歯の裏側が凹んだシャベル状切歯を持つ
　　　　ほか、上顎第1大臼歯のカラベリー結節や、下顎第1大臼歯の屈曲隆線
　　　　など、縄文人より複雑な構造を持つ。

　　第38図5：頭蓋小変異の出現頻度の比較。北部九州弥生人（金隈遺跡の
　　　　名で示してある）や土井ヶ浜弥生人は、ほぼ中央に位置するのに対して、
　　　　縄文人とアイヌは遠く離れて孤立している。

　以上の分析は、縄文人と弥生人とは形質的に大きく異なり、渡来人が弥生人
になったことを示している。

　しかし、縄文人は九州からいなくなったわけではなく、周辺部に残った。

82

第3節 接触による文化変容

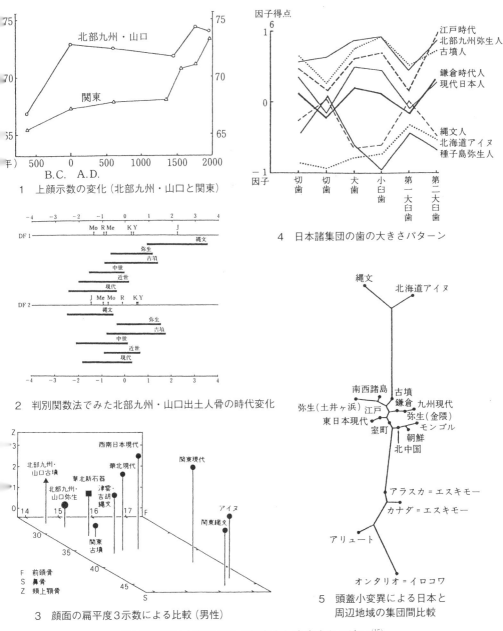

第38図 形質人類学が示す縄文人と弥生人との違い[15]

第 2 章　進化・発展か、変容か

　九州の西北部の沿岸や離島の海岸の砂丘や貝塚からは縄文人と考えられる人骨が出土し、漁撈を生業としていたと考えられる。

　宮崎県の内陸部の、地下式横穴墓の被葬者は縄文人の特徴を色濃く遺し、さらに、九州南部の隼人の墓とされる地下式横穴墓の被葬者や鹿児島の古墳時代人もやはり縄文人と同じ短身・短頭・低顔を特徴としている[15]。

　そして、有明海沿岸地域や東部九州、九州南部では、突帯文土器系の甕が95％以上の比率を占め、縄文文化の伝統が長く残っていたことを示している[17]。

　一方、北部九州では中期後半になると前漢鏡や青銅器が集中する甕棺墓が出現する。

〈まとめ〉

　縄文晩期から弥生時代への移行期には多くの矛盾する事象が見られる。それが縄文人主体論と渡来人主体論の並立の理由である。要約しておこう。

① 完成された水田農耕技術と、そのための木器や石器が流入する。それらの道具は集落で渡来人によって作られ、使われたのだろう。

② 集落には、縄文系の石鏃や石匕、石斧などが渡来系の石器と共存する。つまり、渡来人と縄文人とは集落内で共存したが、縄文人は容易には伝統的な生活からは離れられなかった。彼らは水田農耕を行なわなかった可能性もある。

③ 渡来系の集落で縄文系の土器が製作される。縄文人が渡来系の土器をモデルとして、あるいは渡来人に指導されて、渡来系と縄文系の中間的な多様な土器を作った。

④ 朝鮮系の支石墓には縄文人が埋葬されており、夜臼式土器を伴い、板付式Ⅰの墓とは共存せず、渡来人と縄文人は排他的な関係にあった。支石墓は水田農耕渡来以前に九州西北部の縄文人によって朝鮮半島南部からもたらされたのだろう。

⑤ 前期末・中期になると北部九州から縄文人はほぼいなくなり、海岸地帯や九州南部に残される。形質人類学の成果からは、混血もほとんど起こらなかったと考えられる。

⑥ 第39図は、各地の弥生人骨を、歯の形態から渡来系か縄文系かを判別し

た結果である。水田農耕の拡大は文化の伝播によるものではなく、渡来人の移動によってなされたことは明らかである。なお、北海道の渡来系と判別された個体は、続縄文時代（本州の弥生〜古墳時代）に渡来していたオホーツク文化人と考えられる。

多くの考古学研究者は、「渡来人と縄文人が同じ集落に住んでともに農耕を行った」、「縄紋人の集落に渡来人が吸収され、共住していたとしか考えられない」。あるいは、「弥生文化を担っていった主体は渡来人でも縄紋人でもなく、縄紋人と渡来人との混血集団に縄紋人の後裔を加えた『弥生人』たちであった」と述べるが[17][18]、これらの意見は形質人類学の成果に反している。縄文人が渡来人とともに農耕をしていれば、弥生時代前期末〜中期の段階で縄文人が全体の1〜2割以下しか残らないという状況にはならない（ちなみに、DNAゲノムでは現代人と縄文人との共通性は12%である）。

渡来人の集落と、海岸地方などの周辺部に縄文人がいた。周辺部の縄文人は渡来人とは排他的関係にあった。渡来人の集落の縄文人は彼らの伝統的な石器を作り、用い、渡来人とは同化していない。そして、彼らの技術によって渡来系の土器の模倣品を作った。

彼らは、渡来人の集落の中に囲い込まれ、土器製作のために使役されたのである。

朝鮮半島ではこの時期の土器作りがどのような階層の人々だったのかは分からないが、弥生時代早期の日本列島では縄文人がそれを担った。渡来人は必要なものを示し、あるいは作って見せた。縄文人は伝統的な生業を行ない、農耕に従事したとは思えない。もし、農耕を行なっていれば彼らの人口

第39図　歯の分析による渡来系弥生人の拡散状況[15]

第2章　進化・発展か、変容か

も増加していただろう。

〈縄文人のゆくえ〉

　渡来人と排他的関係にあった縄文人は追いやられ、また殺されたのだろう。

　最古の戦傷例である、福岡県新町遺跡の支石墓から出土した熟年縄文人男性
は、左大腿骨上部に朝鮮半島系の柳葉式磨製石鏃を斜め後ろから打ち込まれて
いた。磨製石鏃を縄文人は副葬品としているから、実用の武器として用いたの
は渡来人だろう。

　兵庫県新方遺跡から出土した6体の人骨の中には17個の石鏃が射込まれた
男性がいた。また、うつぶせの伸展葬で葬られた2体にも石鏃が打ち込まれて
いた。彼らには縄文人の特徴が認められた[15]。

　渡来人は戦争の専門家だった。土地についての概念も異なり、戦争をしたこ
ともなく、階層の概念もない縄文人を支配することはたやすかっただろう。

　その後、日本列島の周辺部で生き延びた縄文人はどうなったのだろうか。

　律令国家の時代、国家（内）に対する外とは、蕃国（朝鮮諸国）、夷狄（隼人・
蝦夷）で、その住人は「化外ノ人」と呼ばれた[19]。

　空海が弘仁6年（815）に蝦夷について、「羅刹の流にして、非人の儔なり。
時々、人の村里に来往して千万の人と牛とを殺食す」（『性霊集』巻1）と述べ
ている。人を「非人」と呼んだ最初の例である[20]。

　また、次のような記述がある。

　　　古老のいへらく、石村の玉穂の宮に大八洲駅（おさめる）しめしし天皇
　のみ世、人あり。

　　　箭括の氏の麻多智、郡より西の谷の葦原を截ひ、墾闢きて新に田に治り
　き。此の時、夜刀の神、相群れ引率て、悉盡に到来たり、左右に防障へて、
　耕佃らしむることなし。…是に、麻多智、大きに怒の情を起こし、甲鎧を
　着被けて、自身仗を執り、打殺し駈逐らひき。乃ち、山口に至り、標の梲
　を堺の堀に置て、夜刀の神に告げていひしく、「此より上は神の地と為す
　ことを聴さむ。此より下は人の田と作すべし（『常陸国風土記』行方郡）[21]。

　空海による蝦夷の記述と似ている。群れを引き連れて山から下りてきて農耕
を妨害して殺され追いやられた者も縄文人ではないだろうか。

第3節　接触による文化変容

斉明天皇の時（7世紀）に、朝廷が蝦夷を中国に献上し、皇帝がその姿の奇異なるをみて、喜んだとある。さらに、遡って弥生時代、日本から中国の皇帝に献じられたものに「生口」があった。

安帝の永初元（107）年に倭国王帥升らが、生口160人を献じ請見をたまわった（『後漢書』東夷列伝）。さらに魏明帝景初3（239）年、卑弥呼は魏に男生口4人・女生口6人。斑布2匹2丈を贈る。そして、魏斎王正始4（243）年、倭国は魏にやはり生口をはじめとして、さまざまな品物を持参し、その後倭国はふたたび魏に男女生口30人・白珠5000孔などの珠や、青大句珠2枚、異文雑錦20匹などの布を献じている[22]。

朝貢のために入朝した隼人によって、隼人舞が演ぜられた。

　　　大隅、薩摩2国の隼人ら614人朝貢す。…饗を隼人に賜ひ、各其の風
　　俗・歌舞を奏す。（『続日本紀』養老7年〔723〕5月）

皇帝が見て喜ぶ珍奇な品物、生口とは珍しい風俗をして歌舞する縄文人だったのではないだろうか。

『職員令集解』（9世紀）に、「古辞に云ふ。薩摩、大隅等国人、初め捍き、後に服するなり。己れ犬と為りて人君に仕へ奉らば、此れ則ち隼人と名づくる耳」[23]とある。

そして『延喜式』（巻28隼人司：10世紀）に、「其れ駕、国界及び山川道路の曲を経らば、今来の隼人、吠を為せ」とある[24]。征服されて彼らは犬となった。しかし。隼人の反乱は続いた。

［参考文献］

1　竹岡俊樹　2003『旧石器時代の型式学』学生社

2　岐阜市教育委員会　1987『岐阜市文化財報告1987―寺田・日野1』

3　矢島國男　1996「第2章　先土器時代」『綾瀬市史9　別冊考古』

4　竹岡俊樹　2001「考古学は文化を語れるか―近世宝篋印塔の型式分析をとおして―」『古代文化』第53巻1号　古代学協会

5　竹岡俊樹　2006「接触による文化変容の型式学的モデルの作成」『古代文化』第58巻1号　古代学協会

6　朝日新聞社　1988年12月9日「オラショ、スペインに原点」『朝日新聞』

7　竹岡俊樹　2002『図説日本列島旧石器時代史』勉誠出版

第 2 章　進化・発展か、変容か

竹岡俊樹 2011『旧石器時代人の歴史―アフリカから日本列島へ―』（選書メチエ）講談社

竹岡俊樹 2013『旧石器時代文化研究法』勉誠出版

8　中橋孝博 2002「Ⅳ　倭人の形成」『日本の時代史 1　倭国誕生』吉川弘文堂

9　下條信行 2002「稲の伝播と農業技術の発達」『古代を考える　稲・金属・戦争』吉川弘文館

10　下條信行 2014「第 5 章　生産具（磨製石器）からみた初期稲作の担い手」『列島初期稲作の担い手は誰か』すいれん舎

11　田中良之・下條信行 2014「対談　列島初期の稲作の担い手は誰か」『列島初期稲作の担い手は誰か』すいれん舎

12　岩崎二郎 1987「9. 墓地 1. 支石墓」『弥生文化の研究第 8 巻　祭と墓と装い』雄山閣

13　三阪一徳 2014「第 4 章　土器から見た弥生時代開始過程」『列島初期稲作の担い手は誰か』すいれん舎

14　片岡宏二 1999『弥生時代 渡来人と土器・青銅器』（考古学選書）雄山閣

15　中橋孝博 2005『日本人の起源』（選書メチエ）講談社

16　藤尾慎一郎 2011『〈新〉弥生時代』吉川弘文堂

17　藤尾慎一郎 2009「板付Ⅰ式を創ろうとした村、創れた村、創られなかった村」『弥生時代の考古学 2』同成社

18　田中良之 2014「第 1 章　いわゆる渡来説の成立過程と渡来の実像」『列島初期稲作の担い手は誰か』すいれん舎

田中良之 2002「3. 弥生人」『古代を考える　稲・金属・戦争』吉川弘文館

橋口達也 1995「第 1 章　弥生文化の成立」『弥生文化の成立　大変革の主体は『縄文人』だった』（角川選書）角川書店

金関恕 1995「第四章　農耕社会の形成」『弥生文化の成立　大変革の主体は『縄文人』だった』（角川選書）角川書店

19　石母田正 1973『日本古代国家論　第 1 部』岩波書店

20　河田光夫 1984「中世被差別民の装い」『京都部落史研究所紀要 4』

21　秋本吉郎（校・注）1958『風土記』日本古典文学大系　岩波書店

22　西谷　大 2001「男生口四人、女生口六人―洛陽を見た倭人たち」『三国志が見た倭人たち―魏志倭人伝の考古学』山川出版社

23　井上辰雄 1978『熊襲と隼人』（歴史新書 8）　教育社

24　黒板勝美他（編）1965『新訂増補国史大系 26　交替式・弘仁式・延喜式』吉川弘文館

第3章 「世界」のなかで、ものの意味を捉える

　ものの製作技術は観察すれば知ることができる。自然科学的分析によって遺物の年代や成分、原産地などを明らかにすることができる。しかし、その情報だけでは、過去の文化を復元することはできないし、歴史を語ることもできない。知るべきことは遺物や遺構の「意味」で、考古学研究者が最も苦手としている領域である。思いつきに終始することも多い（第4章参照）。

　たとえば、宮城県上高森の70万年前の「埋納遺構」について、小形両面加工尖頭器などの5点の石器をペニス、箆形石器10点を膣・子宮と捉えて、性交を摸した豊穣儀礼が行なわれたという説や[1]、埋納されていた石器の数から、原人段階から3とか5という聖数の観念が存在し、それは旧人、新人、そして現代人へとつながる「文化遺伝子」である、という説も現れた[2]。

　しかし、個人的な想像であれば、私たちは彼らの論の是非を検証することもできない。

　石井寛も「どれだけ恣意的な論の展開から逃れることができるか、どこまで『現代人的常識』の束縛を回避できるかが問われることになる」[3]と述べているが、問題はその方法である。

　意味に限らず、今日まで日本人研究者が事象を解釈するために頼ってきたのは欧米の研究者の理論、とりわけ「信奉」されてきたのが、アメリカの考古学者ルイス・ビンフォードである。

　梶原洋は、「旧石器時代人の行動様式を残された遺跡から復元しようとする試みは、… 基本的には、石器の剝離過程からみた詳細な事実の分析とそれからの推定という帰納的な手段であった。これに対し、BINFORD は、"考古学的事実は、自らを語らない"として、イヌイットやオーストラリア先住民の実地調査を通じ、人間の活動とそのもたらす結果を観察し、活動を理解するためのモデル（辞書）をもとうとしたのである」と評価し、佐藤宏之も、「ビンフォードは考古学の分析対象である過去の遺物や遺構といった、そのままでは何も語らない静態を人間行動の生活・社会上の動態に止揚するために両者を架

橋する〈中位〉理論として民族考古学を提唱した」、として支持するが、2つの問題がある。

　1つは遺物や遺構はそのままでは何も語らないという指摘、もう1つは民族誌を中位理論（モデル）として考古学的資料を解釈することである。例えば、第4章で示すように、詳細な資料分析を行なえばヒトの行動や文化をかなりの程度まであとづけることができる。一方、「理論考古学」は資料分析を行なわないから当然「資料は何も語らない」。そこでビンフォードの作ったモデルで資料を解釈することになる。しかし、民族誌の事例や文化人類学の理論を中位理論（モデル）とすれば、現代人の事例で何万年も前のヒトの行為と文化を解釈することになり、「歴史」は消滅し、文化の多様性や変容を知ることをテーマとするこの学問の存在理由はなくなる。梶原と佐藤が、藤村が埋めた「前期旧石器」を前期旧石器時代の石器と信じてトンデモ論を展開したことが示すように、考古学では資料を見て分かることと、分析することが必須なのである。私は、歴史や空間を超越するビンフォードの方法を正しいとは思わない。

　ではどのようにしてモデルを得るのか。私たち考古学研究者自身が有用なモデルを作るしかない（第2章第3節Aの宝篋印塔の分析もその試みである）。

　次に日本史学と民俗学の資料から作った、ものがその機能を果たしている、「世界観」のモデルを示す。第2章第2節で述べた、人類が進化の果てに得た、「論理・記号的世界」と「象徴的世界」のモデルである。日本の資料を主体とするのは、弥生時代以降は現在と歴史的な連続性を持ち、また用いた資料を誰もが検証することができるからである。

［参考文献］
1　梶原洋・藤村新一・鎌田俊昭・横山裕 2000「世界最古の石器埋納遺構　日本最古の石器群—上高森遺跡での新発見—」『科学』第70巻3号　岩波書店
　　佐川正敏 1997「2. 原人・旧人・新人の連続性を考える」『ここまでわかった日本の先史時代』角川書店
2　尾本恵一・小林達雄 2000「対話　日本列島に人類が立った日　秩父原人の驚くべく精神文化」『公研』5月号　公益産業調査会
3　石井　寛 2016「遺跡群研究の現状」『考古学の地平Ⅰ—縄文社会を集落から読み解く—』六一書房

4　梶原　洋　1999「日本列島最古の人類と文化」『科学』第 67 巻 5 号　岩波書店
5　佐藤宏之　1992『日本旧石器文化の構造と進化』柏書房

第 1 節　律令国家 (論理・記号的世界)

　弥生時代から始まった国家の形成への道のりは、7 世紀後半には律令国家に辿りついた。それは象徴的世界 (天皇) と論理・記号的世界とを切り離し、両者を重ねることによって完成した[1]。

　律令国家とは、律令の基本法と格式などの法を通じて国民を統治する国家である。日本律令は中国唐代の法体系を原型としたもので、『近江令』(668 年)、『飛鳥浄御原 (律) 令』(689 年)、『大宝律令』(701 年)、『養老律令』(757 年施行) の、4 回の編纂が行なわれた。

　このうち、日本国家の大綱を決定づけたのは『大宝律令』である。なお、律令の律は犯罪と刑罰を定めた制裁法で、令は国家制度の万般を定め、今日でいう憲法・行政法・私法・訴訟法などの規定を含んでいる。

　まず律令国家の基底をなす「分類の体系」についてみてみよう[2]。

〈人の分類〉
　律令国家における身分制度は姓① (第 40 図)[3]と位階②という 2 つの基準に基づいていた。そしてその 2 者による身分の分類は課役の有無と関係を持っていた③。

　官人のうち、五位以上の貴と通貴が「貴族」という概念にあたり、大宝元年 (701) には 125 人だった。雑色 (品部・雑戸) とは諸官庁に隷属し、調 (諸国の物産を納める)・徭 (労役) の免除に代わって特定の物資を製作・納入する「戸」で、特有の姓を持っている。賤民とは、官戸・陵戸・家人・公奴婢・私奴婢の五色の賤からなり、姓を持たず戸を形成せず、課役の義務を負わない。したがって、公民とは、調・庸 (労役の代りのものを納める) などの課役を国家に対して負う戸で、姓を持ち、位階を持たない、と規定される。次にこの公民を対象とした分類をみてみよう。

第3章 「世界」のなかで、ものの意味を捉える

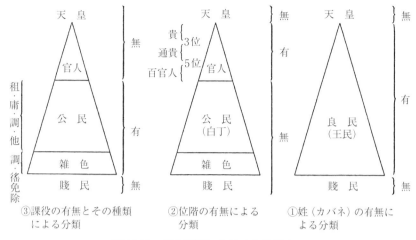

第40図　律令国家における身分制度

① 性による分類

　男と女の2者で、人の分類の最大の項目である。

② 年齢による分類（戸令）

　　1〜3歳　　　緑児・緑女（養老令では黄子・黄女）
　　4〜16歳　　 小子・小女
　　17〜20歳　　少丁・少女（養老令では中男・中女）
　　21〜60歳　　正丁・正女
　　61〜65歳　　老丁・老女
　　66歳以上　　耆老・耆女

このうち、正丁・老丁・少丁（中男）を課丁と呼び、戸のうちに課丁がいれば課戸と呼び、いなければ不課戸と呼ぶ。

③ 病による分類

　戸令目盲条によると病者は次のように分類されている。

　　残疾—1つの目盲、両つの耳聾、手に2つの指無く、足に3つの指無く。
　　廃疾—　癡　、瘂、侏儒、腰背折れたらむ、1つの支廃れたらむ。
　　篤疾—悪疾（癩病）、癲狂（癲癇、精神異状）、2つの支廃れたらむ、両つの
　　　　　目盲らむ。

第1節　律令国家（論理・記号的世界）

以上の、人の分類と課役との関係は次のとおりである。

女は不課。したがって以下は男の場合である。

　小子・緑児は不課。

　耆は不課。

　老丁の調・庸は正丁の2分の1。

　中男の調は正丁の4分の1。

　廃疾・篤疾は不課。

　残疾の調・庸は正丁の3分の1。

　少丁・老丁の残疾は不課。

人の分類は、そのまま課役の有無とその量に対応している。

〈土地の分類〉

1里（300歩＝高麗尺1800尺）四方を36等分し、その36分の1を1町とする（坪と呼ぶ）。そして1町を10等分し、1段とする（第41図）。

里が方眼状に並ぶ場合、1点を起点として、南北の軸を条、東西の軸を里とする。したがって、特定の里の位置は、この条と里の軸によって示され、さらに里のなかの坪は、北西の隅の坪を起点として東へ1・2・3と番号を付され（平行式坪並もしくは千鳥式坪並）、位置づけられる。そして、各坪のなかに各段が位置づけられる。班給される口分田は6歳以上の男が2段、女がその3分の2の1段120歩で、田租の賦課基準は、段別2束2把で収穫の約100分の3にあたる。

したがって、条里制—班田制—田租制は基本的に1つのシステムを形成している。

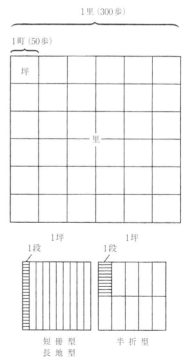

第41図　律令制における土地の分類

93

第3章　「世界」のなかで、ものの意味を捉える

〈ものの分類〉

ものについての令の項目をいくつかあげよう。

① 凡そ度は、10分を寸と為よ。10寸を尺と為よ。1尺2寸を、大尺の1尺
と為よ。10尺を丈と為よ。量は、10合を升と為よ。3升を、大升の1升
と為よ。10升を斗と為よ。10斗を斛と為よ。権衡は、24銖を両と為よ。
3両を大両の1両と為よ。16両を斤と為よ。（雑令　度十分条）

② 凡そ調の絹、絁、糸、綿、布は、並に郷土の所出に随へよ。正丁1人に、
絹、絁8尺5寸、6丁に定成せ。長さ5丈1尺、広さ2尺2寸。美濃の
絁は6尺5寸、8丁に匹成せ。長さ5丈2尺、広さ絹、絁に同じ。…若
し雑物輸さば、鉄10斤、鍬3口、口毎に3斤。塩3斗、鰒18斤、堅魚
35斤、烏賊30斤、螺32斤、（賦役令　調絹絁条）

①は度量衡についての規定で、数のカテゴリーと単位との関係の定義であ
る（1尺 = 10寸 = 100分）。そして、②調は正丁1人につき、絹・絁ならば8尺
5寸を納める。この8尺5寸を単位として、正丁6人分を集めて疋（長さ5丈
1尺、広さ2尺2寸）とする。なおこの「正丁」は前述のとおり人為的に規定さ
れた人の単位である。次に、絹・絁の他の物への換算が行なわれる。たとえば
絹・絁8尺5寸 = 糸8両 = 綿1斤 = 鉄10斤 = 鍬3口 = 塩3斗 = 烏賊30斤。こ
のような換算表が必要なのは、純粋な記号である貨幣が未だ発達していないこ
とによる。

律令にはすべてをきっちりと分類し尽くし、差異を数字によって規定しよう
とする強い意志が見られる。万象をそのデジタル的な分類体系（記号の体系）
によって把握することが国家を構築することと認識されていたのである。

以上を総合すると、税の体系は、土地の分類・人の分類・ものの分類の複合
によって形成されていることが分かる。そして土地の分類のためには測量と土
木技術、人の分類のためには詳細な戸籍と行政の単位となる編戸の作業、もの
の分類のためにはその製作技術と一貫した度量衡が必要とされた。

〈行政組織〉

「正丁」が自然の単位ではなく人為的に規定された単位であるのと同じく、
行政の単位である「戸」も家族、あるいは家に対応するものではなく、まった

94

第1節　律令国家（論理・記号的世界）

く人為的な単位だった。

　それは、里（50戸）—保（5戸）—戸という行政組織のもとに1戸平均課丁数を4丁と想定して形成された単位で、家族類似集団の人為的結合によって成っていた。またこの組織は、隊（兵士50人）—伍（兵士5人）—兵士という軍隊の組織と強い関連を持っていたことが指摘されている。そして、里の集合を郡とし、含まれる里の数によって郡は5つに分類されていた。2里以上（小郡）・4里以上（下郡）・8里以上（中郡）・12里以上（上郡）・16〜20里（大郡）。さらに国は郡の集合によって成り、大・上・中・下の4等級に分類されていた。その実数は、全国で国が約60、郡が約500、里が約4000と推定されている。そして、上から下へと命令（力）が流れるネットワークが形成されていた。

　税として集積された物資の国家諸機関への配分を管理する機関として民部省があった。民部省主計寮は、納入された租税を検査・計量し記帳すること、そして主税寮は、諸国の田租と出挙の現状を正税帳などによって管理することをその第1の機能とし、諸官司から提出される予算書「支度ノ書」を集計することによって来年度の国家の必要とする物資の総計を集計し、当年の調庸の収入との収支のバランスを太政官に上申することを第2の機能とした[4]。

　そして、このような作業を行なうための必須の条件が税制の全国的な画一化、ものと人の単位化と数量化だった。こうして現物から抽象された（記号化した）数字を民部省の主計・主税寮の2名ずつの算師（計算を専門とする官人）が計算することによって厖大で複雑な律令国家の財政は成り立っていた。

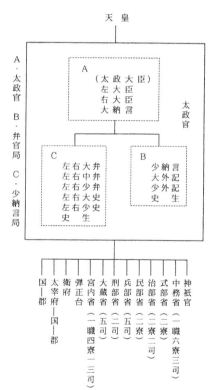

第42図　律令国家の行政機関[5]

第 3 章 「世界」のなかで、ものの意味を捉える

　そして、民部省がこのような機能を果たすためのもう 1 つの条件として、八省の他の諸司間の分業と協業の体制が整備されていることがある。律令国家の行政機関は第 42 図のようだった[5]。

　この複雑な律令国家を運営するためには、戸籍・計帳・正税帳の記帳から、国家の諸機関相互の意思伝達にいたるまで、文字の使用が不可欠だった[6]。

　これが、縄文時代晩期に到来した渡来人が、千数百年後に大陸の文化を摸倣・消化して、創り上げた論理・記号的世界だった。

［参考文献］
1　竹岡俊樹 2014『石器・天皇・サブカルチャー』勉誠出版
2　井上光貞・関晃・土田直鎮・青木和夫（校注）1976『律令』（日本思想体系）岩波書店
3　竹岡俊樹 1996『日本民族の感性世界』同成社
4　石母田正 1973『日本古代国家論（第 2 部）』岩波書店
5　佐藤進一 1983『日本の中世国家』（日本歴史叢書）岩波書店
6　石母田正 1971『日本の古代国家』（日本歴史叢書）岩波書店

第 2 節　位相分類・魂・儀礼（象徴的世界 1）

　しかし、世界は論理・記号的世界だけで形成されていたわけではない。象徴的世界が論理・記号的世界と共存していた[1]。

　日本の前近代と呼ばれる時代の世界を構成する原理は、世界分類（位相分類）と魂と儀礼だった。

　かつて、世界は魂のいる「外世界」（想像上の世界）と、生きた人々が生活している「内世界」（日常世界）とによって構成されていた（第 43 図 A）そして、死霊（魂）が内世界から外世界へ、赤子の魂が外世界から内世界へと移行し、この魂が出入りする外世界と内世界との間には境界領域があった。境界領域は魂が通過するだけではなく、その魂に関わる儀礼のために、あるいは神霊とかかわるために、生きた人々も出入りした（第 43 図 B）。

　世界はまず内世界、境界領域、外世界に分かたれ、さらに境界領域は、死霊が出ていく場、赤子の魂を受け取る場、神霊が降り立つ場などに細分され、道、

とりわけ辻は外世界へとつながる境界領域だった。内世界も細かく分かたれて、たとえば、家は今日のように食べて寝る一家団欒のための箱ではなく、神々や祖先がいる場所だった。

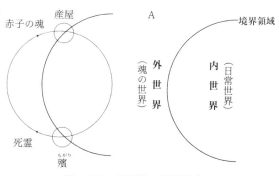

第43図　前近代の世界構成

このような空間的な（場合によってはそれに時間が伴なう）項目を「位相」と呼ぶ。それはしばしば実際の地理的空間と対応している。

世界はいくつもの位相によって構成され、分類されていた。それを「位相分類」と呼ぶ。そして、人が1つの位相から別の位相へと移行する際には、象徴的なものと身ぶり・ことばによってなる儀礼を必要とした。このような、位相分類を伴う象徴的世界1は、3万年前にはその原形が現われていただろう。その頃、人類は洞窟の奥で壁画を描き、特定の領域内を回遊し、すでに複雑な空間分類の中を生き、死者を埋葬していた。

次に民俗学の資料を用いて、古代から昭和初期の時代まで存続していた、世界分類（位相分類）と儀礼と魂とによって成る象徴的世界1を具体的に見てみよう。

A　産婦の禁忌[2]

昭和初期の時代でも、産婦は家の中にしつらえられた産室で出産し、多くの禁忌（行なってはならないこと）によって行動を規制されていた。

産婦は産室で出産してからは入浴せず、結髪せず、着替えず、赤子と宮参りに出るまでの1か月前後の期間は産室にこもっていなければならなかった（物忌みと呼ぶ）。

この、産婦が部屋にこもっている忌明までの期間に従うべき、場所にかかわる禁忌は次のようなものだった。

第3章 「世界」のなかで、ものの意味を捉える

〈火と食事についての禁忌〉

産婦は家族とは火と食事を別にしなければならなかった（「別火」と呼ぶ）。

産婦が火・食事を家族とは別にするのは、産婦が家族（内世界）とは異なる位相（「産の位相」と呼ぶ）に属しているからである。産婦は産の位相にある期間中は同じ家の別の部屋（内世界）に入ることも禁じられ、入らざるを得ない場合には草履をはいた。

位相の分類に飲食が関わる古代の例として、「悔しきかも速く来まさずて吾は黄泉戸喫為つ」（『古事記』上巻）がある[3]。イザナミは黄泉の国で煮炊きしたものを食べて、その位相に属してしまう。同じような例は、『日本霊異記』中巻第7の沙弥行基をそしった僧智光がその罰によって死に、地獄で9日間その報いを受けたのち、神人に「決して地獄の物を食べてはいけない。今は早く帰れ」と言われて生き返るという話や[4]、『山城国風土記』逸文（宇治橋姫）に、龍神の聟となった男が龍宮の火を忌んで、海辺の老女の家で食事をするという話がある[5]。さらに、竹内譲が紹介する次の喜界島の民俗例は記紀のヨモツヘグヒとよく似ている。

> 〔魂寄せ〕魂が帰ったか帰らないかを知る為には、茶碗に御飯を盛り上げて目の荒い笊を被せておくのである。祈祷を捧げて居る間に、盛り上げた御飯の所々に箸を突き差した様な孔があいて居たら魂が帰ってきた印で、ない場合は既に其の魂が黄泉国（御所）に捕われて其所の御飯を食べ、いわゆる死霊の仲間となったものである。従ってその人は長くて3年、早いのは数日のうちに死ぬるものだと信じられて居た[6]。

ここでは、笊と高盛飯が位相を象徴するものとして用いられている。黄泉の国で飲食すると人はその位相から二度と出ることはできない。

〈神についての禁忌〉

出産すると神棚を白い紙で塞いで、産婦が神棚の下を通ることを禁止した。通らざるをえないときにはカサを被らせるという事例もある。

また、産婦は神社に詣でることはもちろん、太陽（お天道様）にあたることも禁止された。そして外に出ざるを得ない時には、カサや手ぬぐいを被った。

産婦（産の位相）は神々が統治する日常世界（内世界）とは対立関係にある

第2節　位相分類・魂・儀礼（象徴的世界 1）

ことが分かる。

〈川と橋についての禁忌〉

産婦は忌明けまで、川や橋を渡ることを禁止された。

かつて、産屋は山の麓や海岸、川向こうなど集落の内と外との境界領域に建てられ、出産のたびに壊され、あるいは焼かれた。たとえば、京都府天田郡三和町（現・福知山市三和町）大原の産屋は集落の川の向こう側にある萱葺きの天地根元造（縄文時代の復元住居のよう）で、中は3畳ほどの土間で、入口に鎌を吊るし、土間には川砂を敷き藁を12（閏年は13）束並べて筵を敷いた。そして、お産のたびに建てかえ、屋根をふきかえた[7]。

橋・川を渡らないという禁忌は、産屋が川を隔てた集落（内世界）の向こう側に建てられ、忌明けまで、川を渡って集落の中に入ることが禁止されていたことの名残で、橋が内世界への入口を象徴していたことによるものだろう。

〈禊と共食〉

忌明けには産婦を湯や塩を入れた湯などで洗い清め（「禊」と呼ぶ）、産室の火を切りかえ（産の位相の消滅）、宴会を行なったり赤飯や餅を近所に配ったりして、家族たちと一緒に食事をした。日本では、共に食事をすること（「共食」と呼ぶ）は同じ世界に属することである。こうして産婦は日常世界に戻った。

祓浄（禊）とは自らが属していた位相から自らを切り離す作業である（第44図：中央の矢印は時間の軸を示す）。

そして禊はその位相が終わった境界、あるいは始まる境界で行なわれるから、位相（時間あるいは空間）そのものの区切りでもある。自らを古い位相から切ることによって人は新たな位相に参入する。

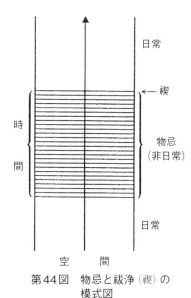

第44図　物忌と祓浄（禊）の模式図

第3章 「世界」のなかで、ものの意味を捉える

『古事記』に見られる次の祓浄も、伊耶那岐命が自らを黄泉の国から切ることに意味がある。

　　　是を以ちて伊耶那伎大神詔りたまはく、「吾はいなしこめしこめき（何といやな）穢き国に到りて在りけり。故、吾は御身の禊為む」とのりたまひて、竺紫の日向の橘の小門の阿波岐原に到り坐して、禊ぎ祓へたまひき[3]。

B　葬送儀礼[8]

次に、家に死者が出てから埋葬するまでの葬送儀礼の過程を見てみよう[1]。

〈家の中で行なうこと〉

臨終を迎えた後、茶碗に水を盛って供え、親類縁者は水を筆に含ませて故人の口を浸してやりながら別れを惜しむ。

人が位相を移る時に盃事をする。「死に水」はそれに代わるもので、死者は内世界（日常世界）から外世界（死の世界）へと移行する。

そして、死者の顔には新しい手ぬぐいか白布をかけ、神棚には半紙か風呂敷を張る。死者の顔にかける白布や神棚をふさぐ半紙は、死霊と日常世界や神とを遮断する象徴的なバリアーである。このバリアーによって死霊が日常世界に浮遊したり、神が死霊と接することがない。死者の額に芋がらで作った×印を置く例もある。

通夜の後、湯灌盥に水を入れてから湯を注ぎ（「逆水」と呼ぶ）、死者を丸裸にして親子兄弟らが立ち会ってきれいに洗う。体を洗うことは、人が内世界↔外世界間の位相を移行する時に行なわれ、死者を洗う「湯灌」と赤子を洗う「産湯」とが対をなしている。洗う者はたすき（×印ができる）をかけるという記述が多い。

死者が出ると、外世界にあるべき死霊が内世界に現れ、そのことは日常生活の逆を行なうことによって示される。死者の周りを囲んだり枕元に立てる逆さ屏風や、死者の着物や夜具を逆さにかける、湯灌の時に水を入れてから湯を入れる、右手に持った柄杓を右に回して死者にかける、枕団子を作る時に臼を左に回すなどである。

死者の装いは白装束で、広島県では晒し木綿の白衣を死者と血の濃くつなが

る女性が、物差しを用いず、ハサミを使わず、糸にこぶ（末尾の結び目）を作らず、布を引き裂いて仕立てた。

死者を座棺に入れ、福岡県では「棺は縄で十文字にくくり、その上に死人愛用の衣服をかけ、その上に刃物の類をのせる」。十文字にくくる（封じる）→死者の衣服をかける（もし浮遊しても衣服に憑く）→刃物をのせる（切る）、のはいずれも死霊が内世界に浮遊しないようにするための算段である。

そして棺は、日常の出入り口の玄関や台所口ではなく、縁側から外世界（死の世界）に向けて出ていく。福島県では、棺は家の後ろをぶち抜いて出すものとされていた。

〈家から墓地へ〉

棺が家を出ると、門口でたばねた藁を燃やし、死者が生前用いていた茶碗を投げつけて割る。その後、箒で座敷を外に向って掃きたて、籠を座敷で転がす。こうして死霊を家から切った。茶碗を割ったり籠を転がすのは、その死者はもうこの家という位相に属さないことを象徴し、箒で掃き出されているのは死者の魂である。

葬列の装いは白装束で、女性はかつぎ（被衣）や綿帽子（角隠しの原形）を被る。長崎県では「女はことごとく白衣をまとい、帯は前に結んでいる。綿帽子を被り、顔はほとんど外部から見えないようにしている。この帽子も死者に近いほど大きい。大きいのはほとんど肩から腰のあたりまで垂れている。そしてこの人たちは、途中を大声で泣いて行く」。

かつては、会葬者は白い晒しの布や白い手ぬぐいを被り、被らなければお天道様を穢して天から毒が降ってきて作物を枯らすとされた[9]。被り物は境界領域にあるべき者が、日常世界から自分を遮断するために必要とした。

家から墓地にいたる道中では、死霊を家や集落から切るための儀礼が行われた。

その1つは、息を引き取った時や出棺、橋、辻、寺などで鉦や鐘を鳴らして道を区切っていく儀礼で、「墓地でこの鉦を鳴らされると、自分が死んだことに初めて気がつく」（岩手県）と、死霊に対して鳴らされた。

もう1つは、葦や細竹を門形に折り曲げて作った仮門を、出棺の時、辻、寺の境内などに設置して、棺をくぐらせたのちにすぐに刃物で壊す。出入口が壊

第3章 「世界」のなかで、ものの意味を捉える

されて、死霊はもう後戻りすることができない。

3つ目は、家を出た時、寺の境内、村の境、墓地など、音が鳴らされ仮門が作られる集落の境界にあたる場所で、棺を行列ごと左回りに3回廻す。喜界島では「家を出外れた墓場近くに島見岡という少々広い空き地がある。ここは今日かぎり字を出て再び帰ることのない死者の霊に、自分の生まれ育った字を見せ、これと別れを告げさせるところである。玉屋（死者の輿）を担いだまま、ぐるっと3回廻った後棺を下すと、最後の引導が渡される」。3回廻った時、死者は日常世界から切れた。

死霊を内世界から徹底的に切るのは、外世界にあるべき死霊が内世界にあっては位相の分類に混乱を招き、共同体に災いをもたらすからである。

沖縄本島の葬列では、先頭に龍頭を刻んだ天蓋、吹き流し、引導僧、位牌をのせた小卓、その後に喪主が続いて頭上には人夫が傘をさしかける。ついで家族や親戚の男たちが続き、それから棺を納めた龕を4人の人夫が担ぎ、家の女たちが白い麻布の衣服を頭から被って（かつぎ）、手取りの女に両方から手を取られてつづく。この女たちの行列の両側を白い引幕を持った数人の人夫が付き添うこともある。その後が一般の会葬者で、最後に「念仏者」が鉦をたたきながらついて行く。

埋葬には、石や鎌（刃物）がよく見られる。静岡県では、「死人が起きてこないように土の上に石をのせる。その北隅に鎌の先を北に向けて柄を土にさしておく」。

埋葬の後、会葬者は履いてきた草鞋を墓地に捨てて自宅に帰り、敷居の前で家族から塩をまかれ（禊）た後に、敷居をまたいで日常世界に復帰した。産婦禁忌でも見たように、履物も位相分類の道具として用いられた。

一方、近親者は四十九日の喪が明けるまでは喪家（墓の近くに造る仮屋：殯屋の残存）などに別火でこもり、髭をそらず、他人と飲食せず、掃除をしない。この服喪（物忌）の期間中に外に出る時にも、笠や晒し木綿を被った。

文献に見られる最古の物忌の例は、『魏志倭人伝』の「倭人が往復・渡海して中国に行くさい、つねに1人の男をえらび、頭髪はのびるにまかせ、しらみをとらず、衣服は垢にまみれ肉食をせず、女性と交わらず、喪中の人のようにさせ、これを持衰（喪中の人）という名をつけている」という記述である[10]。

102

〈×印・刃物・鏡〉

通過儀礼では、×印や刃物、鏡などが色々な場面で見られる。

×印は、葬送儀礼では、棺は「縄で×印にくくり」、棺桶の顔の向いている方に「卍（×）で封じ書きする」。また神棚に白紙と共に付されたり、死者の額に置かれる。さらに、赤子が宮参りに行くときに頭におむつを被り、額にあやつこ（×・犬印など、2つの線が交わるもの）を付けるのも、未だ神の承認を得ていない赤子を内世界から封じるためである。

刃物も死者の布団の上、棺のふたの上、埋葬に際して、また産屋の入口などに、「封じる（位相を区切る）」目的で置かれる。

「妊婦は葬式に出てはいけない」という禁忌がある。もし出れば死産などの重い罰が下る。それを避けるための唯一の方法は、鏡を懐中にすることである(2)。また、次のような事例がある。

　　シメアゲイワイ（しめ上げ祝い）。30日目に産室のしめ（注連縄）を除き、屋上に投げ上げ、男児は短剣、女児は鏡を持って家の周りを3回廻り、宮参りをしたのち、橋を渡って帰る（鳥取県）(2)。

鏡は位相を区切る役割を持っていた。妊婦禁忌では、1つの空間（家）にある、産の位相に入りつつある妊婦を死の位相から切り離し、シメアゲイワイは産の位相から赤子を切り離す。

考古学では剣や鏡が副葬されていれば、持つ者―持たざる者、すなわち階級差などとして捉える傾向が強いが、古墳時代の鏡が被葬者の頭付近から出土することや、奈良県黒塚古墳などのように、被葬者を囲んで、鏡面を内側に向けて並べてあるような状況は、この時代でも鏡が死霊、あるいは呪的力が外に出ないように、位相を区切る役割を持っていた可能性を示している。

C　殯と天蓋

〈殯〉

以上述べた葬送儀礼では死体をすぐに墓地に埋葬したが、大化の改新（645年）の薄葬礼で禁止されるまでは、埋葬に先立って、殯という儀礼が行なわれていた。

『万葉集』には次のような記述が見られる。

第3章　「世界」のなかで、ものの意味を捉える

　　　大殿を振り仰いで見ると　真っ白に　お飾り申して　宮の舎人らも　真っ
　　　白な　麻の裳服を着ているので　夢なのか　現実なのかと　まごついてい
　　　るうちに　城上の道を通って　磐余を横に見ながら　神として　お送り申
　　　すと（神葬り葬り奉れば）行く道のあても　わからず…（3324）[11]

　この資料は8世紀に大殿を真白く装って殯宮が造られたことを示している。
このなかに天皇の遺体は数か月から数年間安置され、その後に葬られた。『隋
書』倭国伝には「死者は斂むるに棺椁（ひつぎ）を以ってし、親賓、屍に就い
て歌舞し、妻子兄弟は白布を以って服を製す。貴人は3年外に殯し、庶人は日
を卜して瘞む」[12]とある。
　殯宮（殯屋・殯所）は何を目的として造られ、中では何が行なわれたのだろ
うか。『隋書』倭国伝には「親賓、屍に就いて歌舞し」とあり、さらにさかの
ぼる『魏志』倭人伝には「始め死するや喪を停むること十余日、時に当りて肉
を食らわず、喪失哭泣し、他人就きて歌舞飲酒す。已に葬むれば、家を挙げて
水中に詣りて澡浴し、以って練沐（練り絹を着て水に浴する）の如くす」とある
[10]。また、『古事記』上巻には、天若日子（天稚彦）の死にさいして、「乃ち其
処に喪屋（殯屋）を作りて、…日八日八夜を遊びき」という記述があり[3]、さ
らに民俗例としては沖縄県津堅島の次の事例がある。

　　　其処では人が死ぬと、蓙で包んで、後生山と称する薮に放ったが、その
　　　家族や親戚朋友たちが、屍の腐爛して臭気が出るまでは、毎日のやうに後
　　　生山を訪れて、死人の顔を覗いて帰るのであった。死人がもし若い者であ
　　　る場合には、生前の遊び仲間の青年男女が、毎晩のやうに酒肴や楽器を携
　　　へて、之を訪れ、1人々々死人の顔を覗いた後で、思ふ存分に踊り狂って、
　　　その霊を慰めたものである[13]。

　つまり、死者を前に歌い舞われた。
　古代において、天皇や親王の葬儀に関わる者として遊部があった。遊部とは、
『令集解』（釈説：9世紀）によれば、「幽顕（あの世とこの世）の境を隔てて凶癘
魂を鎮むるの氏」で、彼女らの行為は「凡そ天皇崩れたまふ時は、比自支和気
（遊部）等殯所に到りてその事を供奉す、仍りて其の氏の2人を取りて、名づ
けて褘義・余比と称ふ、褘義は刀を負ひ（湯灌を行なう者の背中の×と類似）、
ならびに戈を持ち、余比は酒食を持ち、ならびに刀を負ひ、並に内に入りて供

奉す、唯し禰義等の申す辞は輙く人に知らしめざるなり」（古記）とある。

　五来重は「遊部のアソビの最初の意味とその職能は、殯に奉仕して歌舞することであり、歌舞によって凶癘魂を鎮魂することであった」として「鎮魂神楽は殯において行なわれ、死霊、凶癘魂の荒れすさぶのをしずめ、その罪穢を浄化して神霊化し、やがて恩寵的な神として昇華させた」とする[14]。死霊は、遊部が神霊化するまでは荒ぶる凶癘魂だった。

　また、死霊を浄化して神霊化するという殯の機能を示す次のような資料がある。

　　　今は昔、清徳聖といふ聖のありけるが、母の死したりければ、棺うち入れて、ただ一人愛宕の山に持て行きて、大なる石を四つの隅に置きて、その上にこの棺をうち置きて、千手陀羅尼を、片時休む時もなく、うち寝る事もせず、物も食はず、湯水も飲まで、声絶もせず誦し奉りて、この棺をめぐる事三年になりぬ。

　　　その年の春、夢ともなく現ともなく、ほのかに母の声にて、「この陀羅尼をかく夜昼よみ給へば、我は早く男子となりて、天に生れにしかども、同じくは仏になりて告げ申さんとて、今までは告げ申さざりつるぞ。今は仏になりて告げ申すなり」といふと聞ゆる時、「さ思ひつる事なり。今は早う（仏に）なり給ひぬらん」とて、（なきがらを）取り出でて、そこも焼きて、骨取り集めて埋みて、上に石の卒都婆など立てて、例のやうにして、…[15]（「清徳聖奇特の事」；（　）内は竹岡による補）。

　ここには刀も殯屋という構造物もないが、清徳聖の行為は殯という行為そのものである。

　陀羅尼を誦しながら棺の回りを廻ることによって死霊を神霊化（ここでは仏教化されて成仏）する作業が行なわれ、3年後に死霊は仏となったことを告げる。

　殯が長期間にわたるのは、死霊が神霊化するのに必要な期間で、おそらくその神霊化は、巫女の神がかりによって告げられたのであろう。それゆえに遊部は女性だった。

　殯屋が死霊の神霊化の構造物であったことは「殯宮を阿賀利美也と申すも、其処より御魂神の天に揚ります由なるべし」（『高橋氏文考』天保13年〔1842〕）という記述にも示されている[16]。

　この殯屋は具体的にどのような形状をしていたのだろうか。

105

第3章 「世界」のなかで、ものの意味を捉える

『宇治葬祭次第』には、葬地に白幕を張り廻らし、壙の前に白布を敷き、棺槨を埋葬したのち、その廻りには垣をつくり、そこに葬列で用いていたヤネ（天蓋）をさしかけ、行障（引幕）の白布を張り廻らすこと、そして、白あしぎぬか布で幡を立てると、述べられている。

『大念仏歌枕』（明治23年）には、葬列では、八方龕（ひつぎ）の四方に4本の取り木を立てまわし、これに幕を張り（行障）、その回りから12本の龍頭をさしかけて綾・錦の幡を立て、五色の幡を下げた雲（天蓋）を龕の上にさしかけるとある。

これらの事例から、死者を囲む白い幕を張った空間と、その上につるす天蓋が殯屋を構成していたと考えられる。

〈天蓋〉

まず、天蓋は何を象徴し、どのような機能を持つものかを見てみよう。

神楽の斎庭に天蓋とか白蓋とよばれるものを吊す風習は、西日本では各地に見られ、東日本にも点々と残っている。

早川孝太郎は「三河に於ては、以前は託宣の事があった。其次第は禰宜が神懸りになって、舞戸の天井にある『びやっけ』の中に上半身を没して、其年の風雨吉凶を告げたと言ふが、明治17年以降警察の干渉により中止したといふ」と述べている[17]。隠岐では、明治20年ごろまでは、神事、芸能の後に、神座に座ったミコが神降ろしの言葉を唱えていくうちに、顔面蒼白になって神がかりし、そのとき玉蓋を下げてミコを包んだ。

このような事例から、桜井徳太郎は「神楽のとき、白蓋とか天蓋を上下に激しく揺り動かすクライマックスが見られますけれど、あれは神道を降臨した神の霊があそこの白蓋に憑着し、そこから舞人に神がかりする、憑依するんだ、という構想が組み立てられていると考えてよいかと思います」と述べる[18]。神木に降臨した神霊が神道、そして天蓋を伝って巫女などに憑いたのである。

石塚尊俊は「そうすると葬式の場合の天蓋はどうなるかということになります。葬祭神楽というものがあって、そのときの唱え詞に死者の霊を天蓋で包んで浄土へ送るという意味の文句があります」と述べている[19]。

神楽の天蓋は、神霊を外世界から内世界へと移行させ、殯屋の天蓋は死霊を

第2節　位相分類・魂・儀礼（象徴的世界1）

天上に導いて神霊化した。

次の資料は「ベトナム中央部及び南部のチャム人」の殯の様子である[20]。

　　　分娩の場合傍らに火を燃し、7日の間之を続ける。また、葬式に際して
　　は喪屋を作り、その天蓋には、魂を冥界に導くと考えられる鳥や他の動物
　　の紙型を垂らし、そして連日連夜宴会歌舞が行はれて死者を慰め、屍体が
　　腐爛した時火葬に移す。

日本の殯との酷似は、殯屋と天蓋の歴史がきわめて古い段階、おそらく弥生
時代にまで遡ることを推定させる。

〈白い空間〉

殯屋と同じ白い空間は、産屋、白山（愛知県奥三河で行なわれた魂の入れ替え
の儀礼）、そして、イタコの成巫儀礼の場に見られる。成巫儀礼の例を挙げて
おこう[21]。

東北地方の盲目の娘が巫女の家に弟子入りして教育を受ける。そして1週間
の前行に入り、穀絶ち、塩断ち、火断ちをして、1日3回、河の水を頭から全
身に浴びて禊をして自らを内世界から切る。そして、いよいよ神憑けの式である。

① ユルシの部屋はよく清掃され、周りを白い晒木綿の幕（4丈5尺、1本）
　　でめぐらし、また注連縄（4丈5尺、1本）を四方に張る。祭壇には幣束
　　3本を神前中央へ立て、部屋の四方の角へ1本ずつさしておく。弟子は、
　　部屋の中央に重ねられた3つの俵に、白い晒本綿を裁断してつくった腰
　　巻と白衣をつけ、白足袋をはき白鉢巻をしめ、無地の白扇を手挟んだ扮
　　装で、横向きに腰を掛ける。（青森県八戸市）

② 2人の周囲には、これを取り巻いた同業のイタコが座を占め、経文・祭
　　文・呪文を唱えながら右へ左へとぐるぐる回る。この合唱と移動に伴う
　　空気の動揺とで、周囲には異様な雰囲気が醸し出され、興奮と妖気の充
　　満するなかでしだいに人びとをトランスの状態へひきいれる。こういう
　　状況を2回3回と繰り返すうちに、この世に存在するありとあらゆる
　　神々がつぎつぎと降臨してくる。いよいよ神様の示顕があって神霊が依
　　り憑いてきたらしく感ずるうちに、意識を失い本人は気絶する。これに
　　よって神憑きが成就する。（青森県東津軽郡）

第3章 「世界」のなかで、ものの意味を捉える

　ここでは、天蓋に代わって、同じくひらひらとした幣束に神々は降臨する。
そして、このひらひらとする布はしばしば天上と地上とを結ぶ道具として用い
られた。

D　布と雲

〈産衣と雲〉

赤子が生まれて最初に包まれる産衣について次のような記述がある。

　　産衣の事、色は不ゝ定候、誕生のとき、雲の色の如くにするなり、誕生
　　の時、雲の色白候えば、産衣の色も白候、雲の色青候へば、うぶ衣の色も
　　青候、あかく候へば、産衣の色も赤候、黄に候へば、うぶ衣も黄候（『産
　　所法式』明和2年〔1765〕）[16]

そして、産衣には通常は白が用いられた。

しばしば雲とよばれる天蓋と、産衣はともに天と地を結ぶ雲を象徴していた。

〈領巾と雲〉

『万葉集』には雲と布をよんだ次のような歌がある（枕詞を省略。数字は歌番号）[11]。

① （妻が）陽炎のもえる荒れ野に真っ白な天人の領巾に包まれ（白たへの天
　　領布隠り）鳥でもないのに朝家を出て隠れてしまったので…。（210）

② 北山にたなびいている雲の青雲は星を離れ月を離れて行くことだ（雲は
　　崩御した天皇）。（161）

③ 秋風の吹き漂わす白雲は織女星の領巾（天つ領巾）だろうか。（2041）

④ 天の川に霧が立ち上る、織女星の雲の衣のひるがえる袖か。（2063）

　領巾と雲とは、イメージの上で重なり、天と地とを結んでいた。

　210の歌について、橘守部（国学者）は『万葉集檜嬬手』（嘉永元年〔1848〕）
のなかで、「是は、天蓋の類にて、柩を覆ふ蓋なるべし、凡てひらひらするを
領巾といふべし」と述べ、それをうけて斎藤忠は「とにかく原始或いは古代葬
制の中に遺骸に覆うたり、棺を掩うに、ひれを用いた風習のあったことを示唆
するものであろう」と述べている[22]。

　天の領巾に包まれて隠れてしまうという記述は比喩ではなく、実際に死体が
薄い布に包まれていたことを示す可能性が強い。

第2節　位相分類・魂・儀礼（象徴的世界1）

　産衣は外世界から内世界へと魂を位相移行させ、死者の魂は、雲を象徴する
天蓋や白布につつまれて天に昇った。[注]

（注）かつて伊勢神宮で外宮の御師によって行なわれた神楽では、文化2年の絵
　　図によると、斎場の正面の榊でとり囲んだ神座の上にかけられている蓋を真床
　　覆衾と記している[23]。
　　　また、『日本書紀』（神代下）には、「時に、高皇産霊尊、真床追衾を以て、皇
　　孫天津彦彦火瓊瓊杵尊に覆いておりまさしむ」とある[24]。
　　　大嘗祭において、新天皇は真床覆衾と呼ばれる天蓋あるいは布に覆われて神
　　霊を得たと考えられる。同じような儀礼は、成巫儀礼や白山儀礼でも見られる。
　　　『国体の本義』（昭和12年）によれば「天皇は、皇祖皇宗の心のままに我が国
　　を統治する現御神である。この現御神（明神）あるいは現人神というのは…皇
　　祖皇宗がその子孫である天皇に現れ、天皇は皇祖皇宗と一体であり、」[25] とある
　　ことから、新天皇に憑く神霊は、皇祖皇宗、とりわけ天照大神であると考えら
　　れる。

［参考文献］

1　竹岡俊樹　1996『日本民族の感性世界』同成社

2　恩賜財団母子愛育会（編）1975『日本産育習俗資料集成』第一法規出版

3　荻原浅男他（校注・訳）1973『古事記・上代歌謡』（日本古典文学全集）小学館

4　中田祝夫（校注・訳）1978『日本霊異記』（日本古典文学全集）小学館

5　秋本吉郎（校注）1958『風土記』（日本古典文学大系）岩波書店

6　竹内　譲　1933「喜界島」『旅と伝説』第6年7月〈誕生と葬礼号〉三元社

7　宮田　登　1979『神の民俗誌』岩波書店

8　萩原正徳（編）1933『旅と伝説』第6年7月〈誕生と葬礼号〉三元社

9　小松和彦　1985「異界創出装置としての「かぶりもの」」『自然と文化』1985夏
　　季号』観光資源保護財団

10　山田宗睦　1979『魏志倭人伝の世界』教育社

11　小島憲之他（校注・訳）1971〜75『萬葉集1〜4』（日本古典文学全集）小学館

12　石原道博（編・訳）1985『魏志倭人伝・後漢書倭伝・宋書倭国伝・隋書倭国伝』
　　岩波書店

13　伊波普猷　1974「南島古代の葬制」『伊波普猷全集　第5巻』平凡社

14　五来　重　1992『葬と供養』東方出版

15　小林智昭（校注・訳）1977『宇治拾遺物語』（日本古典文学全集）小学館

16　細川潤次郎・佐藤誠實他（編）1896（1970復刻）『古事類苑38　礼式部2』吉

第3章 「世界」のなかで、ものの意味を捉える

　　川弘文館
17　早川孝太郎 1985『花祭・前編』図書刊行会（1930 岡書院の復刻）
18　加藤九祚（編）1984「討論（第三部　シャーマニズム・音楽・芸能)」『日本の
　　シャーマニズムとその周辺』日本放送出版協会
19　石塚尊俊 1976「白蓋考」『山陰民俗』第 26 号　山陰民俗学会
20　松本信広 1942『印度支那の民族と文化』岩波書店
21　桜井徳太郎 1974『日本のシャマニズム―民間巫女の伝承と生態（上）』吉川弘
　　文館
22　斎藤　忠 1987『東アジア葬・墓制の研究』第一書房
23　石塚尊俊 1977「納戸神に始まって」『山陰民俗』第 28 号　山陰民俗学会
24　坂本太郎他（校・注）1967『日本書紀（上）』（日本古典文学大系）岩波書店
25　貝塚茂樹監修 2003『戦後道徳教育文献資料集第Ⅰ期 2―国体の本義／臣民の道』
　　日本図書センター

第3節　魂の諸相

A　ものの魂―人とものとのつながり

　かつて、位相とそこに属する人とは強くつながり、人が位相に参入する時や、位相から切れる時には、入念な儀礼が必要とされた。
　そして、人とものとの間にも強いつながりがあり、そのつながりはしばしば「魂」と表現され、両者のつながりを切るためには特殊な位相を必要とした。

〈古代の市〉
　古代の市は丘などの高い所で開かれ、「阿斗桑の市」「海石榴市」などの名が示すように、樹木が立っていた。
　市は、神々が降臨する場であると同時に、死者と関わる場でもあった。推古天皇の 20 年（612）2 月 20 日に「皇太夫人堅塩媛を檜隈大陵に改め葬る。是の日に、軽の衢に誄る（シノビコトとは死者を慕って、その霊に向かって述べることば）」（『日本書紀』[1]）とあり、市は外世界と内世界とが交わる場だった。
　このような位相で、何が行なわれたのだろうか。
　小林茂文は、『延喜式』臨時祭の条に、都に到った外国使節を祓麻によって

祓浄し、そして入京直前には京城四隅（飛鳥京におけるその1つは海石榴市）で障神祭（辻祭）を行なうことが規定されている、など、外国使節の市の通過を推定させる記事が多いことから、市で外国使節の「邪霊祓除」が行なわれたと推定する[2]。

そして、勝俣鎮夫は『日本書紀』には雄略天皇が采女山辺小嶋子と通じた歯田根命を処罰した記事がのせられているが、その時とられた処置は、歯田根命を死刑に処し、馬8匹　太刀8口をもって罪を祓除させるとともに、その所有していた「資財を露に餌香市辺の橘の木の土に置か」すというものだった、と述べている。

このように犯罪人の所有する馬・奴婢・稲などを市に瀑したのは、これらの資財が犯罪人の魂を含みこんだ穢れたものと考えられ、市という空間におくことにより、その犯罪穢を浄めた、と考える[3]。この、ものと魂との関係について笠松宏至は、「主人や親から伝えられたもの、長く肌身につけたもの、そうしたものへの強い愛着は、信仰に近いものであったことは十分想像できる。『もの』に込められた『たましひ』は、長く身につけられることによって、所有者の『たましひ』をもそこに含み込んでいたのではないだろうか」と指摘する[4]。

そこから勝俣は、所有者とその魂を含む所有物との呪術的関係を絶ち切ってしまう浄めの場として、市は存在したとする。

「浄め」の場としての機能に基づいて、市では売買を含む種々の交換がなされた。そのシステムについて勝俣は、市での売買はその売買物を神に供物として捧げ、神からその交換物をそれぞれ与えられるというかたちでなされ、その本質は神との交換・売買であったと考える[3]。

ものが「さらさらと」流通してゆくためには[5]、そのものの持つ象徴的意味（魂を含めて）や感性的属性（たとえば穢れ感）を消去し、ものをできるかぎり交換価値という記号に還元しなければならない。そのための場が市という境界領域の位相だった。

〈辻〉

古代から市との関係の深い、辻（衢）の役割をみてみよう。

辻で行なわれる重要な行事の1つは、注連縄などを張って災厄が共同体に

第3章 「世界」のなかで、ものの意味を捉える

入ってくるのを防ぐ、辻切・道切で、共同体の内と外とを切った[6]。

そして、辻の機能としてもっとも資料数が多いのは、内世界にあるべきではない負の要素を捨てる場としての役割である。

① 疫病が流行するとその疫病送りの行為は辻でなされた。そして「さん俵（米俵の両端にあてる藁の丸い蓋）に赤紙を敷いて、起上り小法師2つと小豆飯をのせて、村境や四辻に持って行き置いてくるという呪法は、全国的」とされているのである[7]。

② 群馬県では人が死ぬとすぐに枕飯、枕団子を煮て枕元に供える。この枕飯を煮た燃え残りや灰・飯を盛ったシャモジはサンギ（桟木＝角材？）とともにタワラッペシ（サンダワラ）にのせ、野辺送りのときに三本辻に送り出した[8]。

③ 使用ずみの湯（産湯）は必ず道の四つ辻の中央に捨てる（神奈川県）[9]。

④ 臍の緒は路の十文字（四つ辻）へ埋める（岡山県）[9]。

⑤ 動物霊や執念深い生霊はなかなか退散しない。こうした場合には、調伏や憑きものおとしの修法が行なわれる。…憑依霊を刀や火で威嚇して落したうえで、竹筒に封じこめて四つ辻に埋める[10]。

同じように赤子の産毛や[9]、変死者・刑死者を辻に埋める例がある。内世界にあるべきではないものを辻に捨て、またその上を踏み、外世界へと放逐した。

〈徳政一揆〉

嘉吉元年（1441）5月から6月にかけて京辺は大風雨にみまわれ、6月には足利義教が赤松満祐によって暗殺され、京中は混乱状態に陥る。そのなかで、「土一揆と号し、御徳政と称」し、代始徳政は先例と称する、「土民数万」の嘉吉の徳政一揆がおこった。

これに対して、幕府は一国平均徳政令、そしてさらに、永代沽却（売却）地・年紀契約地を含めた天下一同の徳政令を発布する。

これ以後、徳政一揆は日本各地で勃発することになる。この時代、各地に高利貸業を営む蔵本（質屋）が出現し、農民は課役の納入のために彼らに土地を売却、あるいは土地を抵当として金を借りた。その結果として、蔵本に土地が集積されていった。これに対して現れたのが、無償で土地を取戻すための法令

112

第3節　魂の諸相

の発布を為政者に求める徳政一揆である[11]。

　古代においては、売買による所有権の完全な移転は存在せず、請戻・買戻が前提とされていた。そして中世においても土地の永代売（今日でいう売買）の観念はまだ十分には定着しておらず、農民には、買戻し権を留保した売買形態こそが、土地売買の本来の姿であるという観念が根強く残っていた[12]。

　なぜ土地の所有権の完全な移転は存在しなかったのだろうか。

　勝俣鎮夫は、本来土地とその所有者（個人ではなく家）としての本主とは、切り離して存在すべきではないという一体的関係の観念が横たわっており、この「土地と本主の一体観念」は、中世社会においては、開発地と開発者としての本主との間においては特に明確に見られた、とする[12]。この「土地と本主との一体観念」[注]に基づいて、徳政令を契機として売却した土地も本主にもどったのである。

　また勝俣は、中世後期に伊勢・大和地方を中心に見られた「地発」（地を対象とする地徳政）に注目し、それを本主から切りはなされた土地は「仮の姿」で、それを本主のもとにもどす、すなわち本来のあるべき姿にもどす行為ととらえる。この地発などの地域的慣行を前提として土一揆の徳政要求がなされた。そして、地発のもっとも重要な契機は「代替り」だった。嘉吉の徳政一揆が行なわれた年も、将軍義教が殺され、将軍の代替りが行なわれるべき年だった。

　そして、「代始徳政は先例と称」し、代替りは徳政を求める正当な根拠と認識されていた。

　代替りが地発の契機となるように、時の切れ目が徳政一揆勃発の契機となった。

　土一揆の要求項目には、新関の停廃、守護段銭などのの停止などがある[13]。時の切れ目に切れることが要求されたのは、その時点まで存在していた「法」である。そのひとつが土地の売買契約だった。

　徳政一揆とは、時を切り、法を切ることを要求する運動だった。そして、法が切れたとき、土地は「本主との一体感」によって自動的に本主に戻ったのである。

　次のようにまとめることができる。もの（土地）は記号的価値（a）と、所有者との呪的関係（b：魂）という2つの属性を持っている。市はaの属性を

113

第3章 「世界」のなかで、ものの意味を捉える

「さらさらと」やりとりするためにｂの属性を切るための場である。一方、徳政一揆において要求されたのは、ａについての法を切るために時を切ることである。ａの法が切れると、本主と土地との間の呪的関係（ｂ）によって土地は本主に帰った。

　（注）沖永良部島に次のような民俗例がある。
　　　畑であれ宅地であれ、土地にはヂノカミと呼ばれるカミが宿る。また、その土地を開いた（購入した）者の個性が土地に結びついて語られている。土地に関する不正は彼らやヂノカミの怒り、さらには当事者による呪詛を招く[14]。

〈現代の事例〉

　つぎに、ものの持つ、記号的価値（ａ）と所有者との呪的つながり（ｂ）との関係の現代の例を示す。

　米国にホームステイしていた女子高生が、「精神鑑定が必要だ」として日本に送り返されてきた。米国の「両親」から誕生日にブローチをプレゼントされた。彼女はそれを店に持っていって気に入ったのと交換、何のためらいもなく「これ、換えてきたの」と報告したのだ[15]。

　「両親」にとっては、プレゼントとは、自分たちが彼女のことを思い、みつくろって買ったという、ものと「両親」とのつながり（ｂ）が重要であるのに対して、女子高生にとっては、その金銭的価値（ａ）だけが重要なのである。

　次に、ものと人との呪的つながり（ｂ）を示す例をあげる。

　女子大学生に次のような質問をした（2014 年調査）。

　病院にあった、あなたとは無関係の死者の枕元にあった千羽鶴をもらって帰って、自分の部屋にインテリアとして飾れますか？

　学生数は 100 人を超えるが、持ち帰ることができる学生は１人もいなかった。その代表的な理由の２つは次のようなものである。

① 故人は千羽鶴を眺めながら早く病気を治して元気になりたいと願っていただろう。その思いが強ければ強いほど、千羽鶴には亡くなった人の念が込められているのではないか。その念がその人が亡くなった後にも千羽鶴に残っているのではないか。

② １羽１羽作った人の気持ちが詰まったものであるため、念のようなもの

を感じてしまう。だから、千羽鶴はその人のために作られ、思いがたくさん詰まったものであるから、他の人がもらったりするようなものではないだろう。

　　千羽鶴は死と関わらなくともかなり重いものである。

③　地震の被災地の方が送られてきた千羽鶴の処理の方法に困っているという記事を読みました。「多くの方の心のこもったものなのでごみとして処分するのも気が引ける」と書かれていました。

　千羽鶴には2つのものが込められている。1つは製作者たちの思いである。その思いによって鶴は魂を持つ。そしてもう1つは、それをもらった（使用した）人の思いである。鶴は病人のむなしく終わった望みや恨み、無念を含むことになる。そしてこの2つの「思い」が学生自身と何の関係も持たないことから、鶴をもらって帰れないのである。もし、死者が自分の親族や友人の場合には故人の思い出、さらにお守りとして持ち帰ることができる、と言う。

　次の質問である。

　あなたが子供の時に一緒に遊んでいた人形が押入れから出てきました。その人形をゴミ箱に捨てることができますか。

　ほとんどの学生はこれもできない。

①　生きていなくとも、それに対する思いが強ければ、（人形に）魂は生まれてくるのではないだろうか。

②　念が強いのではないかと思う。私の苦しみや喜びを受け止めてくれた存在だからこそ、誰よりも捨てるという残虐な行為に対しての恨みも大きいのではないかと思う。捨てるということは人間でいう殺すという行為と同じことであり、自分が信頼し何でも相談してきた相手だからこそ、人を殺すのと同じぐらいの重さに感じるのである。幼い自分が一生懸命に人形に語りかけ、人形の気持ちを理解しようとしていたのと同じように人形も私の気持や精神状態を感じていためではないかと思う。

③　私の家の赤ちゃんの顔の人形は今押入れの中に入っているけれど、たまにその人形を見ると、少し怖いという感情になります。小さいころ大切にして、遊びすぎて、そのお人形を見ると、「なんでもう少し遊んでくれないの？」といってくる気がしてしまうのです。後ろめたい気持ちにな

第3章 「世界」のなかで、ものの意味を捉える

　　　ります。遊んで、お人形に自分の気持ちが入っていって、その気持ちが
　　　人形自身の気持ちになってしまう気がします。
　ものと人との強いつながり、一体感が見られる。一緒に遊んだ自分の思いが
人形に付着して人形の魂となっている。中世の、古くなった道具が捨てられた
怨念によって妖怪と化す付喪神と同じである。千羽鶴や人形は現代では寺社に
持っていくしかない。千羽鶴は死者と一緒に焼くのがよいと学生は言う。
　ヒトは古くから、ものに愛着や執着を持っていたと思われる。アンドレ・ル
ロワ＝グーランはネアンデルタール人が収集した貝やサンゴの化石や黄鉄鉱塊
を紹介している[16]。ヒトとものとの呪的つながりはホモ・サピエンス以前ま
で遡るのだろう。

B　人の魂－死霊

　考古学研究者が持つ人の魂についての考えはあいまいである。集落や個人を
守る善なる祖霊・神霊が語られることが多い。
　しかし、葬送儀礼からも、浄化される前の死霊は日常世界に遊離させてはい
けない恐ろしい存在だったことが分かる。さらに、人びとが最も恐れていたの
は浄化することのできない異常死した者の魂である。
　桜井徳太郎は、「わが国では死者の亡霊（魂）が巷にさ迷い遊び、これに行
き遭う人々に怪異を起こしたり病禍や厄災を及ぼすとする伝承が多く、それを
ミサキ神、イキアイ神、魔もの（沖縄などではマジムン）、魔風などとよぶ。い
わゆるタタリ神である。こうしたタタリ神は、今生に怨念をのこして横死した
離遊霊を指す場合が多い」と述べている[17]。
　それゆえに、異常死した者は独特の方法で葬られた。いくつかの例を挙げる。
　① 不慮の死をとげたものがたたるのをおそれて死体を逆さまに墓穴に埋め
　　　る地方があるという。沖縄の国頭では溺死した水夫、やけどで死んだ老
　　　婆などは、かつて逆さに埋葬した。土地の人はこういうところを通過す
　　　るには、必ず木の枝を折ってその上に投げねばならないとされていた[18]。
　② 宮古島の場合、…珊瑚礁から形成された島なので、海岸は海水によっ
　　　て浸食され幾つかの洞窟ができている。それをガマという。そのガマの
　　　岩穴のなかへ死体をがんじがらめに押しこめる。骨がくだけようと何だ

ろうとおかまいなく、とにかくメチャクチャに圧しつけていれ、いれた上に石や岩をかぶせ、密閉してしまう。…そういうふうに押しつめておかないと、死者の霊魂がとびだしてきてどんなことをするかわからない、いついかなるきっかけでこの世の人間へ取り憑き、祟りや障りを及ぼすかもわからない。異常死者の霊魂はそのような恐るべき存在だという考え方が、島人の心の底にひそんでいるからである[19]。

③ 秋田県仙北郡中川村寺沢字寺前のミコ、戸島ミナの話によると、川辺、南秋田、仙北の諸郡では、ナナクラヨセは産死婦と、山で怪我をして死んだ者の霊に対して行ない、「ナナグラヨセの奉加」と称して7ヵ村を奉加して米の喜捨をうけ、米7升に銭700、3尺3寸の3色の布、神酒2瓶と燈明をそなえ、口寄せをする。…口寄せが終わると2尺5寸の長さのナナクラブネをつくり、これに幣束を立て注連を張り、供物をのせて川に流す。…この時、「ナナクラ船に乗って何某の神となって浮かんで行く」という意味のとなえごとをする[20]。

さらに、子供の死については特別な儀礼を必要とした。

④ 分娩に至らず死亡した女性の死体から胎児を取り出して、別個に埋葬する風習も広く行なわれた。高知県の各地では、妊婦が妊娠7～8か月以後に死亡した場合には、必ず身2つにしてから埋葬するものだといわれ、そのために樫の木の柄の鎌が使用された。それゆえ平生は、鎌の柄に樫の木を用いることが嫌われたそうである。開腹して取り出した胎児は、別々に、あるいは母親といっしょに埋葬された[21]。

⑤ 宮古群島の池間島では生まれて2、3か月のうちに死んだ子供のからだはアクマと呼び、海岸べりの洞穴に投げすててかえりみない。明治の末頃までは、頭に釘を打った。また斧や刀で切りきざみ「二度と生まれてくるな」といいながら、夜中に部落の北の洞窟にそっともっていった[18]。

⑥ 関東東北の田舎には、水子にはわざと墓を設けず、家の床下に埋めるものがもとは多かった。…津軽の方では小児の墓の上を、若い女を頼んで踏んでもらう風習もある[22]。

次に魂についての儀礼を見ておこう。

魂、とりわけ子供の魂は容易に抜けるものと考えられていた。

第3章 「世界」のなかで、ものの意味を捉える

⑦ 沖永良部島では、霊魂のことをマブイといい、またタマシとも称する。そして人間の肉体をこのマブイ（霊魂）の宿る容体と考え、人間は体内にこのマブイを宿さしめることによって初めて生命体としての機能を発揮できるとした。だから、それの宿る時機は、生児が生まれて母体を離れる瞬時だとみ、呱々の産声をもってその証拠と解した。このマブイはまた機会を見つけては肉体の脱出をはかることがあり、死および仮死はすべてこのために起こる現象だと信じた。そこで、マブイが肉体から離脱するためにおこる「死」を防止するために、いろいろな呪法が考案されてくる。たとえば、幼児の着衣にかならず背守をつけたり、背縫の綻びた衣服を着用することを固く禁忌する[17]。

⑧ 石垣島平得では、… 子供が病気すると、タマスがないから病気になったんだといい、良い日柄を選んでタマスを入れる。ユタが祈祷し、さらにブーという糸の２尺位の長さのものに、２寸間隔で結び目をつくり首輪にして家の主婦が子供の首にかける。こうすれば元気になるといわれる。小浜島では病弱の子や気絶した子に対してマブヤコメをする。その子のふだん着を現場にもっていき、その着物で石を１個包み、もち帰って本人のそばに石を置き、着物をきせる。そのあとブーの糸で首輪を作って本人の首にかける。糸には７つの結び目をつけておく[23]。

　次は魂の入れ替え儀礼である。かつては魂は容易に抜け、入れ替えることができると考えられていたようである。

⑨ 医者に見放された瀕死の病人がユタの家に担ぎこまれると、ユタは "セイメイトリカエニガイ（生命取り替え願い）" なる儀礼を行う。それは１ｍから1.5ｍほどの大きさの人形を藁と布で作り、これを逆水に漬けたのち、病人が男なら女の、女なら男の着物を着せ、白布で包み、左胸に針を７本、右胸に４本刺し、懐に42円を入れ、「病人に代わってグショ（あの世）に行なって下さい」とことばをかけ、長さ２ｍほどの船に乗せ、果物、米、酒を持たせて引き潮の時に海に流すというものである。全てユタが行なう。

　つぎに満ち潮のとき、海のあなたからやってきた新しいセイメイを両手で抱え、タクシーで戻り、麻の紐で７タマと５タマの結び目を作り、

これにセイメイを移して病人の首に結んでやる。両手で抱えたセイメイ
　　は他人には見えないが、大変重いという[24]。
　日本では昭和の時代まで、このような象徴的な世界が広がり、『隋書倭国伝』
や『魏志倭人伝』の記述と同じ儀礼が残されていた。この世界観1は弥生時代
にまで遡ると考えられる。考古学的資料の意味を知るためには、現在の私たち
の世界観ではなく、このような世界観を基礎にすべきだろう。

［参考文献］

1　坂本太郎他（校注）1967・65『日本書紀（上・下）』（日本古典文学大系）岩波
　　書店

2　小林茂文 1981「古代の市の景観─流通外の機能を中心に─」『早稲田大学大学
　　院文学研究科紀要　別冊8巻』

3　勝俣鎮夫 1986「売買・質入れと所有観念」『日本の社会史 第4巻 負担と贈与』
　　岩波書店

4　笠松宏至 1983「盗み」『中世の罪と罰』東京大学出版会

5　網野善彦 1992『海と列島の中世』日本エディタースクール出版部

6　笹本正治 1991『辻の世界─歴史民俗学的考察─』名著出版

7　宮田　登 1972「疫病送り」『日本民俗事典』（大塚民俗学会編）弘文堂

8　群馬県史編纂委員会 1982『群馬県史　資料編26　民俗2』

9　恩賜財団母子愛育会 1975『日本産育習俗資料集成』第一法規出版

10　宮家　準 1978『修験道』教育社

11　入間田宣夫 1981「中世国家と一揆」『一揆5』東京大学出版会

12　勝俣鎮夫 1979『戦国法成立史論』東京大学出版会

13　勝俣鎮夫 1982『一揆』岩波書店

14　蛸島　直 1984「奄美一村落の病気観─沖永良部島S部落の場合─」『民族學研
　　究』49巻2号　日本民族学会

15　大平　健 1990年12月13日『朝日新聞「マリオン」』　朝日新聞社

16　アンドレ・ルロワ＝グーラン（荒木亨訳）1973『身ぶりと言葉』新潮社

17　桜井徳太郎 1988『日本シャーマニズムの研究（下）』吉川弘文堂

18　谷川健一 1971『魔の系譜』紀伊国屋書店

19　桜井徳太郎 1990『民間信仰の研究（下）〈桜井徳太郎著作集4〉』吉川弘文館

20　堀　一郎 1971『日本のシャーマニズム』講談社

21　大藤ゆき・青柳まちこ 1985「女をめぐる明と暗の民俗」『日本民俗体系10　家

第3章 「世界」のなかで、ものの意味を捉える

　　と女』小学館
22　柳田國男　1978『先祖の話〈新編柳田國男集第5巻〉』筑摩書房
23　赤田光男　1986『祖霊信仰と他界観』人文書院
24　佐々木宏幹　1989『聖と呪力―日本宗教の人類学序説―』青弓社

第4節　神話を生きること（象徴的世界2）

　象徴的世界1は、世界分類（位相分類）、循環する魂、儀礼によって構成されていた。しかし、この世界には具体的に語られる外世界が見られない。

　日本には神話世界は残されていない。『風土記』・『古事記』・『日本書紀』に語られているのは神話ではなく伝説、とりわけ天皇の伝説である。

　まず、宗教に見られた、象徴を用いた「神話的世界」の例をみておこう。

A　『往生要集』の世界

　永観3年（985）に恵心僧都源信によって、念仏を行なう僧を対象として『往生要集』3巻が著された。この書によって、外世界の様相が日本人に初めてことばによって示された[1]。

　私たちの住む世界には、不浄・苦しみ・無常しかないから、極楽浄土を求めることになる。阿弥陀仏の浄土に生まれ変わるためには念仏（仏を念じること）に勝るものはない。そして、念仏の中心となるのが阿弥陀仏の身体的特徴を観想することである。

　それは頭の上の肉髻から始まり、髪毛、髪の生え際、耳、額、顔、白毫、そして足の裏までの42の部分を詳細にイメージすることである。

　頂の上の8万4000の髪毛は、みんな上向きにたなびき、右巻きに渦巻いて生えている。長い間抜け落ちることも、もつれ乱れることもない。紺青色に密生して香り豊かで清潔、細く柔らかである。1筋1筋の毛は渦巻いて5つの光を放っている。もしこの毛を真っすぐに伸ばすと、その長さは長くて測ることもできず、その光の中の化仏の数は無数である。

　仏の舌の相は薄く清らかで、広く長くて顔を覆い、耳や髪の生え際から天上の梵天にまで達する。その色は赤銅のようである。舌の上には印章に刻まれた

第4節　神話を生きること（象徴的世界2）

文字のような5つの模様があって、微笑するときに舌を動かすと五色の光を放ち、光は仏の周りを7周して、また頂から入る。

仏の性器は隠れていて、満月のように平らである。太陽のように金色に光り、ダイヤモンドでできた器のように中も外も清浄である。

仏の身体には前後、左右、さらに頭の上にも、それぞれ8万4000の毛が生え、軟らかくなめらかに紺青色をして、右巻きに渦巻いている。1筋1筋の毛の先には百千万の、塵の数ほど多くの蓮華があり、1つ1つの蓮華にははかり知れないほどの化仏が生まれていて、その1つ1つの化仏が詩を説くと、その声々は重なり合って雨のしずくのようである。

そして、目を開けてこのような仏の特徴を見ることができるようになれば、次に心の想念の力によってその特徴を見なさい。そのとき、はっきりと仏がこの世においでになるのが見えるだろう、としている。

日常的な念仏修行はその人の臨終の瞬間に結実する。

祇園精舎の西北の角、太陽が沈むところに無常院という建物を建てる。その中に金箔を塗った1体の立像を西向きに安置する。仏像の下げた左手の先に五色の布を結び付けておく。病人を仏像の後に寝かせ、左手に布の先を握らせて、生命が終わろうとするときには、顔を西に向け、心を集中して阿弥陀仏を観想し、浄土に生まれるというイメージと、蓮華に乗った菩薩たちがやって来て親しく迎えてくれるというイメージを抱く。そして本当に臨終になったときには「どうか、仏よ、必ず救い取ってください。〈南無阿弥陀仏〉」と念じる。

ことばによってイメージの世界（外世界）を喚起する訓練を経て、臨終に際してそのイメージを「実在化」したのである[2]。

『今昔物語集本朝仏法部』（15－1：平安時代後期）に次のような話が収められている[3]。

　　元興寺に智光・頼光という2人の学僧がいた。頼光は怠けて学問をせず、ものも言わず、いつも寝てばかりいた。一方、智光は熱心に学問にはげみ、優れた学僧になった。頼光が死に、智光は頼光が死後どのような報いを受け、どこに生まれたかを知りたいと祈念していると2～3か月後に夢を見た。①

　　頼光のいるところは浄土そっくりの美しいところである。頼光は智光

に、「ここは極楽だ。君に私が生まれたところを教えてあげるのだ」と言う。智光は「しかし、君は生前何の善業も行なわなかったのにどうしてここに生まれえたのか」と聞く。頼光は、「あの立ち居振る舞いは実は戒律にのっとったものなのだ。私はかつて多くの経論を読み、そして極楽に生まれることを願い、ただただ弥陀の姿と浄土の荘厳を観念して静かに寝ていたのだ。そしてこの功徳によって、今この浄土に生まれたのだ」と言う。智光は、「ならばどうしたら必ず往生できるのか」と聞くと、頼光は「私は答えられない。阿弥陀仏に聞け」と答える。智光は仏に聞くと、仏は智光に「仏の姿かたちと浄土の荘厳を観念するがよい」と告げ、右手を挙げ、掌の中に小さな浄土を現わした。②

　智光は目をさまし、すぐに夢で見た小さな浄土の様相を描かせた。そして、一生それを観念し続けて往生を遂げた。③

　その後、智光が住んでいた僧房を極楽房と名付け、絵像の前で念仏を唱え講会を行なうことが今も続いている。④

色あせた日常①は夢によって一挙に神話的世界になる②。そして彼は夢の延長上の世界を生きることになり、①〜③は物語りとなる④。

智光の夢の中で頼光が述べている内容は『往生要集』の世界である。『往生要集』で述べられた地獄と極楽の風景は11世紀以降には貴族や武士、さらには庶民にまで大きな影響を与え、人々は『往生要集』の世界を生きた。『栄花物語』によると、1028年藤原道長は北枕・西向きに臥して、「山越来迎図」の阿弥陀仏の手から伸びた五色の糸を手に持ち、阿弥陀仏の顔を見つつ臨終を迎えたとある。

『往生要集』は日本人に大きな影響を与えたが、それは外世界を語る宗教的教義で、世界全体を解釈する神話ではない。そこで、日本以外に神話世界の例を探すことになる。

B　ドゴン族の神話世界

本格的な神話を持つ、象徴的世界2の例を示す。ドゴン族の社会である。

ドゴン族はマリとブルキナファソの国境に位置する一帯を占める民族で、ひえ、もろこし、米、フォニオ、樹木などを栽培する。かつては狩猟が行なわれ

た。漁猟は共同で行なわれる。『Le renard pâle；Marcel Griaule et Germaine Direterlen（邦題『青い狐』）』は私の知る限り、神話を持つ社会を最も詳細に記述した労作で、研究者による安易な解釈や分析がなされていないので資料として用いることができる[4]。

〈神話〉

　空無の上にいるアンマは、くっついた4つ（4元素を示唆する）の鎖骨の玉（卵）で、彼自身の胎の上に266の記号（ブンモン；象徴のこと）を描くことで創造を始めた。

　アンマは4元素をよく混ぜ合わせてフォニオの種子を創る。そして、フォニオを生み出したアンマの卵は胎盤になり、この上に最初の生き物である4匹の雄のノンモ―なまず（ノンモ・アナゴンノ）を創る。そして、それにフォニオの中にあった〈ことば〉を授けた。

　月足らずで生まれた子供であるオゴが創造界に引き起こした混乱を見て、アンマは宇宙を刷新しようと、オゴの双児兄弟のノンモを供犠して宇宙を浄化することにした。アンマはノンモを去勢し、ついで供犠した。供犠されたノンモの血は〈世界のいのち〉を世界に与えた。

　続いてアンマはノンモを解体し、世界を再組織する仕事に取りかかった。彼はノンモを再生させてから、ノンモの胎盤を用いて人間を創造した。人間はノンモと同じように、まず、なまずとして創られ、それから人間に姿を変えた。

　アンマは供犠されたノンモの胎盤でノンモの箱舟を作った。そして、創造した一切のものを乗せて大地に降下させた。箱舟はシリウスの輝く暗黒の虚空を降りていった。箱舟が大地に着くと太陽が昇り、はじめて宇宙を照らし出した。

〈地上〉

　地上の存在はあらかじめ与えられているのではなく、記号（象徴）の形態の変容によってその実現に到る。

　最初の抽象的な記号である〈ブンモン〉のシリーズに続いて、点々で描かれる〈しるし〉あるいは〈イメージ〉であるヤラという第2のシリーズが出てくる（第45図A）。家を建てるときには隅々に石を置いて地取りをする石がヤラ

第3章 「世界」のなかで、ものの意味を捉える

で、将来の家を〈しるし〉している。

第3のシリーズの記号は、ものの〈模式図〉、あるいは〈縁取り〉、存在の下書きであるトングである。この段階で生命力ニャマが備わる。

第4のシリーズは〈絵〉であるトンイ で、表現されるもののできるかぎり写実的な絵で、ものそれ自体でもある。たとえば家を完全に作り上げたなら、それは家のトンイを作ったのと同じである。トンイを作ることは、アンマが考えの中に持っていたものを作るということだとされる。つまりそれは、創造されるものをその現実の形において表現することである。この段階で存在は息づきはじめ、霊的原理が結集される。

原初の266の記号であるブンモンは、ドゴン族の宗教上の首長であるアル部族のオゴンの就任式のときに、オゴンのすわる壇の上に描かれる。

アル部族のオゴンが被る儀礼用の縁なし帽子は、アンマの思惟の266の原初のブンモンと、〈アンマの卵〉の266のヤラから始まった宇宙の形成の両方を表わしている。アル部族のオゴンの帽子は、8人のオゴンが集まって編む。この集会は〈世界が到来した〉といわれる。きわめて重大な事態や災害に直面した場合にも、〈世界が到来した〉という儀式が行なわれ、すべてのオゴンたちはアンマにすがるためにオゴンの帽子のまわりに集合する。そしてオゴンは帽子をひっくり返して中央に置く。帽子を〈ひっくり返った世界〉のように据えて、オゴンがアンマに嘆願するのである。

アル部族のオゴンの住居の外の、左側の小部屋を背にしたところには壇があり、オゴンは1日の大半をここに座ってすごす。オゴンは、住居のある集落から出ることができず、大変な数の禁忌を守らなければならない。彼は白いフォニオの完全性の大地における番人なのである。アンマの不動性のイメージとして、またアンマの力と不死性のイメージとして、オゴンは、自ら家で〈座っている〉のである。

アンマの4つの鎖骨は、サンガ地域では、小渓谷の上にせり出した急斜面にある4つの洞穴によって表わされる。これらの洞穴にはイニシエーションのための様々な設備（大きな石を平らに置いたり積み重ねたりしたものや、壁画など）があり、そうした設備は、大地の上での人間の神話的出来事と関連を持つ。

ノンモの供犠と再生は、いくつかのトーテムの司祭が行なう儀礼によって、

124

第4節　神話を生きること（象徴的世界2）

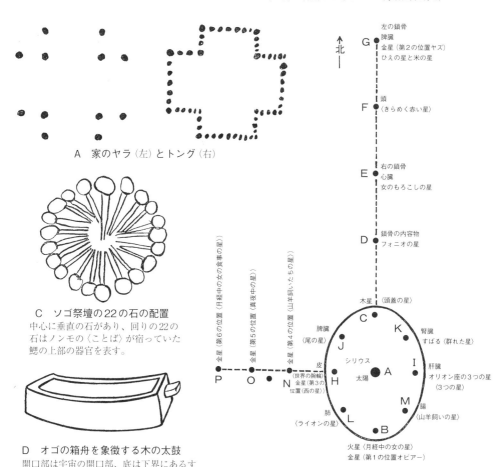

第45図　ドゴン族の諸象徴[4]

毎年象徴的に再現される。また、ノンモの供犠は、サンガ地域では〈神話的な領域〉を画定する一群の祭壇によって示され、そこでは再組織の行為とその結果を象徴的に反復する儀礼が行なわれている。それらの儀礼は、神話の中の再組織を再現すると同時に更新するのである。

　これらの祭壇は、犠牲者の体の各部分、器官、血、そして〈ことば〉・供犠と再生の諸段階、および時間・様々な天体、および空間・神話的な祖先、トー

テム・クラン、および社会の組織と結びついている（第45図B・C）。

祭壇は具体的には次のようなものである。

① 解体した体の肉片でつくった7つの山と、〈ことば〉の7つの〈節〉を意味する7つの赤い石でできている。祭壇の下にはノンモ・アナゴンノの皮のトンイ、〈西の星〉の位置の金星のトングが描かれた（第45図B−H）。

② 緑色の細長い1つの石である。描かれた図は、肝臓のトンイと、オリオン座の三つ星にあたる〈3つ〉という星のトングである（同I）。

神話的テーマは、建築、日常の用具、儀礼用具などの世俗的あるいは宗教的器物のすべてにおいて、その形態・装飾・使用法などを通して現われる。まったく取るに足らないような日常の用具も、その形態や装飾において複雑な宇宙生成の観念を示している。

たとえば、一族の家・トーテムの祭屋・オゴンの住居などで儀礼に用いられる木彫の長方形の器、直方体の形をしたすべての穀物倉、鍛冶屋の道具箱、機織りの、収穫物を入れて運ぶタズという籠などはアンマが地上に下ろしたノンモやオゴの箱舟を象徴している（第45図D）。

ドゴン族の思惟の展開はアナロジーに従って行なわれ、つねに象徴（「世界のことば」と表現される）の上に基礎を置いている。次々と続く象徴の連鎖は、たとえば女性の魂の象徴であるペニスの包皮から、包皮の象徴であるとかげに、とかげの象徴である肩掛けに、肩掛け自体の象徴であるそれを描いた記号に、そして最後に種子播きの前に家族の畑の中央にでたらめに描く図に行きつく。

こうして認識される世界の総体は、無秩序をも包含する完璧な体系として創造神によって思惟され、実現され、秩序づけられたものである、ということである。

人は死ぬとアナゴンノ、つまり始原的な胎児の姿にもどる。死者は家族の〈死者の被い布〉に踝までくるまれて、墓地に運ばれる。屍衣から出た足は、アナゴンノ・サラの分かれた尾を表わす。死者はそれから担架にくくりつけられる。こうして死者は、次に取る姿であるアナゴンノ・ビレの象徴の上に置かれる。〈死者をしばる綱は人の脊椎と同じだ。担架は魚の背骨と同じだ〉からである。

葬儀を締めくくる儀式のときに、死者の新しい様相が表わされる。〈魂の集

第4節　神話を生きること（象徴的世界2）

まり〉という儀礼は、白いフォニオ、すなわちアンマの胎を表わす小さい壺に
かゆを注いで、霊的原理が再びひとつに集まり、〈死者が創造主のところに帰
る〉ようにする。〈死者の魂の集まり〉をすると、〈はじめに〉3つの要素で彼
を創ったアンマのところに死者は行き、アナゴンノ・ビレにもどる。

　この象徴的世界2では、社会（内世界）は神話（外世界）と一体となっている。
植物・道具・建造物・配石などあらゆるものが神話と結びつき、祭祀や供犠に
よって内世界は更新され続ける。

　洞窟壁画（第19図）や「ライオン頭の人物」などの影像から、この象徴的
世界2は後期旧石器時代には現われていたと考えられる。

［参考文献］

1　源信　石田瑞麿訳 1971・72『往生要集1・2─日本浄土教の夜明け』（東洋文庫
　　8・21）平凡社

2　竹岡俊樹 2014『石器・天皇・サブカルチャー』勉誠出版

3　佐藤謙三（校・注）1965『今昔物語集　本朝仏法部下巻』角川書店

4　マルセル・グリオール、ジェルメーヌ・ディテルラン（Marcel Griaule et
　　Germaine Direterlen）坂井信三訳　1986『ドゴンの宇宙哲学　青い狐』（Le
　　renard pâle）せりか書房

第4章　考古学資料をどのように解読するのか

　以上の認知・認識論と、意味を捉えるための世界観のモデルを基礎として、具体的な考古学の遺物と遺構の意味を知る作業を行なう。

第1節　旧石器時代の「環状集落」

〈研究史〉

　1966年に埼玉県砂川遺跡が調査され、6つのブロック（石器がある程度まとまって分布している状態）からなる遺跡が現れた[1]。それを機に、旧石器時代の集団についての論文が現れる。

　近藤義郎は接するいくつかのブロックを屋根を持つ住居と考えて、その住人を血縁関係を持つ集団（単位集団と呼ぶ）とする。そして、日常的には危険を分散させるためにこの小さな単位集団ごとに狩猟を行ない、本格的な共同狩猟を行なうときに単位集団が集まったと考えた[2]。

　さらに1970年、神奈川県月見野遺跡ではブロックと礫群が100m×50mの台地上一面に分布していたことから、戸沢充則は、「これはあきらかに数戸をこえる数のイエが立ちならぶ、先土器時代のムラの存在を示すものにちがいない。その規模は後の縄文時代のムラに、けっしてまさるとも劣らないものであることを知るのである」と述べ[3]、後の「集落論」に大きな影響を与えた。

　1986年に、群馬県下触牛伏遺跡で、直径50mの環状をなすブロック群が発見され、「環状ブロック群」と呼ばれることになった（第46図A）[4]。

　この環状ブロック群について安蒜政雄は、いくつかの母岩別資料（1個の礫から剥離された剥片や石器）がいくつものブロックに分布していることから、「下触牛伏遺跡には、相互に石核や石器を交換・譲渡し合った、10にも近い小集団が居住していたのである。その人数は、… 100人前後にも達する」とし、「それは、同族的な血縁関係を持ったヒトたちの集合」である「単位共同体」で、「そこには、環状にめぐるイエが建ち並んでいた。… 景観上、後の時代

129

第4章　考古学資料をどのように解読するのか

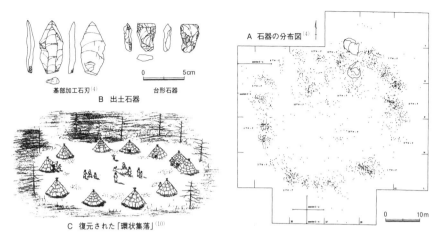

第46図　群馬県下触牛伏遺跡の様相

と変わることのない、大きなムラであった」として「環状のムラ」と呼んだ[5]。

　須藤隆司も、下触牛伏遺跡について、「ブロック間に多くの接合関係が認められることから、原石を共同管理した大規模居住集団によって営まれた環状集落であった可能性が高い」として、単位集団が大形獣の狩猟のために計画的に結合して、大集落を形成したと考え、環状の中央部では動物の解体や肉の配分が行なわれたとした[6]。

　また佐藤宏之も、通常は分散して生活を送っていた集団が同盟関係を確認するために、環状集落に定期的に参集したのではないかとして、そこでは祭りや婚姻が行なわれていたと考えた[7]。

　白石浩之は、「環状ユニット（ブロック）の意義は環状に取り囲まれた広場に大きな意義があったものと思われる。つまり、共同体成員の共同のトーテム信仰や墓地であったのであり、必然的に侵すべからざる聖域であった可能性があろう」[8]としている。

　小菅将夫も、「環状ブロック群の示したムラの形状、円環という意味を考えれば、縄文時代の環状集落にも一脈通じるような平等性が集団内の根底にある社会が想定され、その顕在化したものが環状ブロック群であると解釈できるであろう」と述べ[9]、さらに、「環状集落」の景観については、「下触牛伏遺跡では、円環部には簡単なテントのようなものであったかもしれないが、そのよう

第1節 旧石器時代の「環状集落」

なイエが約20軒、直径50mの円形に建ち並んでいたことになる。1軒5人程度の人数の集まりであるとして、ムラ全体として約100人もの人びとが一時期に住んでいたのであり、ムラ全体で集い使う中央の広場を囲んで共同生活を営んでいたと考えられるのである」[10]と、絵本に見るインディアンの村のような景観を具体的に描いている（第46図C）。

このように、すべての研究者たちは、武蔵野台地第IX層頃、3万5000年前頃に旧石器時代人が直径が数十mの環状集落を作っていたと考えていた。

しかし、ブロック群が環状をなしていること、離れたブロック間で石器が接合し、同じ母岩別資料が分散していることが、「環状集落」が存在したことの証になるのだろうか。

〈環状ブロック群の分析〉

秋田県家の下遺跡（第47図；基部加工石刃文化に属する）[11]について次の分析を行なう（詳細は竹岡[12]参照）。

① 個々の母岩別資料（最初に用意される1個の礫）ごとに、その遺跡で石器が製作されたのか、あるいは遺跡の外からその遺跡に持ち込まれたのかを区別にする（土を洗って微小剝片を採取していないことから、この遺跡では、石核とそれに接合する剝片5点以上、石核がない場合には接合する剝片7点以上の場合に剝片剝離作業が行なわれたと判断する）。

② 母岩別資料ごとに、遺跡内で製作された石器と、遺跡外から持ち込まれた石器が遺跡内にどのように散らばっ

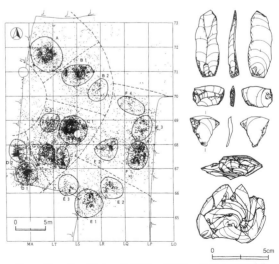

第47図 秋田県家の下遺跡の石器の分散と石器[11]

第4章 考古学資料をどのように解読するのか

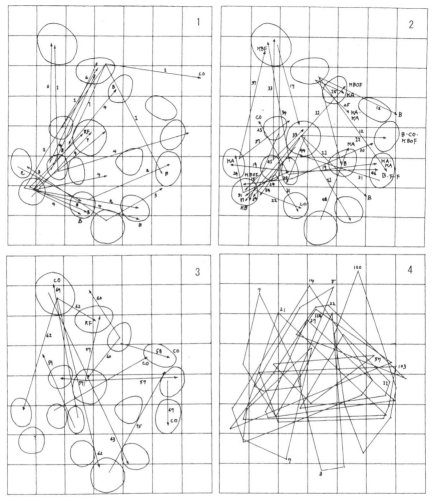

第48図　秋田県家の下遺跡の石器の分散
1～3：遺跡内で製作された石器の分散、4：外から持ち込まれた石器の分散

ているかを明らかにする。

　第48図1～3（便宜的に3つに分ける）は遺跡内の製作の場から8m以上持ち出された石器の分布である（矢印の起点が製作された場所）。すべてのブロックに石器が持ち込まれ、持ち出した起点もブロックに限定されていることから、持ち出し・持ち込みが意図的であったことが分かる。

ブロックに持ち込まれる石器は 1 点ずつのことが多く、その種類は多種多様である。

第 48 図 4 は遺跡の外から持ち込まれた石器が遺跡内でどのように分布しているかを示している。持ち込まれた石器が広い範囲（20 ～ 30m）に分散していることが分かる。その持ち込まれている所はやはりブロックである。

このような状況から、遺跡のおおよその輪郭や領域は、石器を分散し始めた頃から決まっていて、石器の製作作業、そこからの持ち出しと持ち込み、遺跡の外からの持ち込みの積み重ねによって、ブロックの密度が次第に濃くなり、遺跡全体の輪郭が明確になっていったと判断される。

さらに、ブロック群の内容は均質ではなく、20 回もの剝離作業が行なわれたブロックと、剝離作業が全く行なわれずに石器が持ち込まれただけのブロックがある。このことは、均質ないくつかの複数の「単位集団」がこの遺跡を形成したのではないことを示している（したがってブロックは住居址ではない）。

同じ文化の石器を少しずつ分散し、また製作することを重ねて環状の遺跡を形成していることは、この遺跡を作ったのは 1 つの小集団である可能性が強いことを示している。彼らは何度もこの地にやって来て石器を作り、分散させたのだろう。

以前に分散した石器類が埋もれる前に重ねて分散されたと考えられることから、分散を始めてから終わるまでの期間は比較的短かった（縄文時代の「環状集落址」と比べて：後述）と判断される。

したがって、研究者たちが前提としてきた、数十人や 100 人の住人で成るインディアンの村のような「環状集落」は現代人による想像の産物である。

家の下遺跡では、製作作業、遺跡内の製作の場からの持ち込み、遺跡外からの持ち込みによってブロックそして遺跡が形成されているが、専ら遺跡外から持ち込んだ石器を分散することによって環状ブロック群が形成された遺跡も多い。

千葉県南三里塚宮原第 1 遺跡（49 図 A）[13] には東西約 48m、南北約 41m の、29 のブロックによってなる環状ブロック群が見られる。634 点の石器のうち、石器が製作されたことを示す砕片は 3 点しかなく、この遺跡では石器は製作されず、ほぼすべての石器が遺跡外からもち込まれ、それを分散することで環状

133

第4章　考古学資料をどのように解読するのか

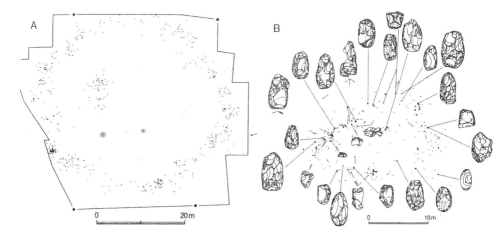

第49図　千葉県南三里塚宮原第1遺跡第1地点 (A) と第2地点 (B) の様相[13]

ブロック群が形成された。

　第2地点には東西24m、南北19mの、11のブロックによってなる環状ブロック群が見られる。303点の石器の中に砕片は見られず、この遺跡でも製作作業は行なわれていないが、いくつかの母岩別資料が全周に分散して、接合する（第49図B）。

　石器の中には、磨製斧形石器（17点）、打製斧形石器（3点）、斧形石器の剥片（90点）などが含まれるが、この遺跡で斧形石器を加工したことを示す砕片が見られず、斧形石器の剥片や斧形石器の断片も遺跡外から持ち込まれて、分散されたことが分かる。

　石核から剥離された通常の剥片には二次加工痕や使用痕が多く見られるのに対して、斧形石器から剥離された剥片にはそれらが見られないことから、斧形石器の剥片が遺跡外からもち込まれて分散されたことには、斧形石器だけではなくその剥片も特別な意味を持っていたことを示している。

〈まとめ〉

　旧石器時代人は、持ち込んだ石器や製作した石器（有機物については明らかにできない）を少しずつ分散して、大きい場合、直径100m近い環状を描いた。石器によって特定の場所を囲む、場所を埋めるという行為は自らの作った「も

134

第1節　旧石器時代の「環状集落」

の」によってその場所を占拠して自らの領域とすることである。彼らが作る石器は単に物理的な機能をもった道具であるにとどまらず、彼ら自身と一体化したものだったのだろう。斧形石器はさらに強い呪的意味を持っていたのかもしれない。そして、多くの石器が外から持ち込まれていることが示すように、彼らは環状ブロック群から環状ブロック群へと石器を分散した。

　彼らはいくつかの原石地を含む広大な領域内を動き、その要所にこのような遺跡を残した。そしてブロック群によって囲まれた土地（遺跡）と、そうした遺跡によって囲まれた土地全体が彼らの領域＝世界と認識された。この「呪的な」土地所有観念は私たちの世界観とも農耕民のものとも全く異なり、現代の狩猟民にも見ることはできない。日本列島の旧石器時代特有の文化だろう。

［参考文献］

1　砂川遺跡調査団編・所沢市教育委員会 1974『砂川先土器時代遺跡　埼玉県所沢市砂川遺跡の第2次調査』

2　近藤義郎 1976「先土器時代の集団構成」『考古学研究』第22巻第4号　考古学研究会

3　戸沢充則 1970「狩猟・漁撈生活の繁栄と衰退」『古代の日本　7. 関東』角川書店

4　㈶群馬県埋蔵文化財調査事業団 1986『下触牛伏遺跡』

5　安蒜政雄 1990「先土器時代の生活空間―先土器時代のムラ―」『日本村落史講座 2 景観Ⅰ 原始・古代・中世』雄山閣

6　須藤隆司 1993「岩宿時代における「環状集落」の歴史的背景―その視点と課題―」『『環状ブロック群』―岩宿時代の集落の実像にせまる―資料集』笠懸野岩宿文化資料館

7　佐藤宏之 2006「環状集落の社会生態学」『旧石器研究』第2号　日本旧石器学会

8　白石浩之 1992「神奈川県下における集落変遷の分析」『かながわの考古学　第2集』かながわ考古学財団

9　小菅将夫 1993「環状ブロック群の分析と評価」『『環状ブロック群』―岩宿時代の集落の実像にせまる―資料集』笠懸野岩宿文化資料館

10　小菅将夫 2006『赤城山麓の三万年前のムラ 下触牛伏遺跡』新泉社

11　秋田県教育委員会 1998『家の下遺跡 2（旧石器時代編）県営ほ場整備事業（琴丘地区）に係わる埋蔵文化財発掘調査報告書Ⅲ』〈秋田県文化財調査報告書第275集〉

12　竹岡俊樹 2010「旧石器時代の遺跡はどのようにして形成されたのか」『國學院

第4章　考古学資料をどのように解読するのか

大學考古学資料館紀要第26輯』
竹岡俊樹 2013『旧石器時代文化研究法』勉誠出版
13 ㈶印旛郡市文化財センター 2004『千葉県成田市南三里塚宮原第1遺跡・南三里塚宮原第2遺跡』

第2節　縄文時代の「環状集落」

　旧石器時代研究者が環状ブロック群を「環状集落」と考えたのは、縄文時代の「環状集落」の存在が大きく影響している。

　縄文時代の「環状集落」は、中部・関東地方から東北地方南部にかけての前・中・後期に発達し、径100mに及ぶ例もしばしば見られる。

　しかし現在、何十軒もの住居から成る「環状集落」が縄文時代に存在したと考える縄文時代研究者はいないだろう。なぜなら、私たちが見る「環状集落址」は数百年間の生活の累積だからである。

　現在の問題は、「環状集落址」が環状をなすのは始めからの計画だったのか、あるいは、偶発的な結果なのか、ということである。

〈環状集落は意図的に
　形成されたのか〉

　まず、環状集落址が縄文人によって意図的に計画・形成されたとする谷口康浩の論を見てみよう[1]。

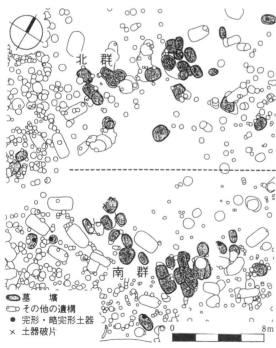

第50図　神奈川県三の丸遺跡南集落における墓群の二大群[1]

第 2 節　縄文時代の「環状集落」

　谷口は、環状集落は広場を中心として各種の建物や施設を同心円状に配置した計画的な空間構成を持つとし、とくに中央広場に「墓域」を持つことが大きな特徴であると考える。そして、墓群・住居群・廃棄帯などを空間的に区分するもっとも明瞭な「分節構造」は、全体を二分する「二大群の構造」であると考える。

　たとえば、神奈川県三の丸遺跡の南環状集落の墓群（中期初頭五領ヶ台式期〜後期中葉加曽利B式期）では、北群23基と南群25基が直径約25mの円周上に弧状に相対している（第50図）。そこから谷口は「墓坑（壙）が特定の2カ所に分かれて群集しているのは、埋葬すべき場所がいずれかに決定されていて、その規制が何世代にもわたり踏襲されていたからであろう。…埋葬の取り扱いが区別されるような2派が存在したことを推定させる」とする。

　そして、二大群がさらに小さな分節単位に分かれる場合があるとして、東京都多摩ニュータウンNo.107遺跡（第51図；中期後葉〜後期初頭）の墓壙198基からなる環状墓群は、「二大群のおのおのに2つの小群が含まれて、二大群×二小群の構成を示す好例である」と述べる。そして、中期後葉の加曽利E3式期から後期初頭にわたる長い期間にわたって断続的に埋葬された結果にもかかわらず、198基もの墓壙が直径約32mの整然とした環状を形成しているのは、集団構成員の内部にあった区分が厳格で規制力のあるものだったからである、と考える。

　そして、そこから次のように社会論を展開する。

　集団生活の結集点で

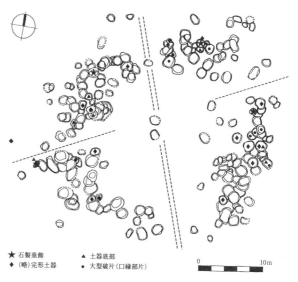

第51図　東京都多摩ニュータウンNo.107遺跡における
　　　　墓群の二大群と、それを分節する二小群[(1)]

第4章　考古学資料をどのように解読するのか

あるムラの中心部に死者が安置され、しかもそれらの墓群が住居群と同じ分節構造を備えているのは、明確な系譜観念と出自集団の組織に基づくものと考えられる。すなわち二大群の背景にあるのは血縁原理によって組織された出自集団の可能性が強い。しかもそれが長期間にわたって踏襲されたのは、帰属が明確で、かつ成員権が世代を超えて継承される出自集団の永続性によるものと考えられる。さらに、大群のなかに入子状に小群が内在することも、血縁集団の分節化と派生によって説明できる。

　以上の特徴から、谷口はこの出自集団はマードック（1978）の言う「リネージ」などの単系出自集団である蓋然性が高いとし、さらに、C・レヴィ＝ストロースが調査した（1972）ブラジル・ボロロ族の環状集落は、縄文時代の環状集落の重帯構造と分節構造に驚くほど類似しているとする。したがって、縄文時代の環状集落は双分制を持つ単系出自集団である「リネージ」によって形成された、ということになる。

　そして、縄文時代にこのような社会構造が現れた理由を次のように説明する。
　　環状集落成立の背景にはおそらく人口密度の稠密化に伴う領域権益の問題が横たわっており、複雑化する社会関係を調整し円滑化する広範な親族ソダリティー（？；竹岡）として出自集団の組織化が促進されたことが推察される。それは…海進に象徴される自然環境の変化への適応という側面と、人口密度の増大という社会環境の変化に対する適応が、社会進化を惹起する「生態的外圧と社会的内圧」（安斎正人 1990）として相互に作用した結果であった[(2)]。

　さらに、M・エリアーデ（1971）の文章を引いて、「縄文時代における葬制の発達も、縄文時代人が確固たる死生観・他界観を作り上げ、儀礼の力を介して『死』という難問を社会的に克服していった過程を示すものであろう」として、「環状集落は単なる居住地ではなく、出自集団のアイデンティティーの根本ともいうべき集団墓で、葬送儀礼や祖先に対する祭儀を執り行なう特別な場であった」、と結論する[(2)]。

〈「環状集落」は双分制と祖霊信仰の結果だろうか〉

　第1〜3章から問題点は明らかだろう。

第2節　縄文時代の「環状集落」

① この研究の最大の問題は、資料分析がなされないことである。自分の見たもの（線引き区分）がそのまま文化的実在（社会構造）となる。

　土井義夫は、東京都多摩ニュータウン No.107 遺跡の「環状墓壙」（第51図）について、「この遺跡は中世の大石氏館跡で、谷口が分節線を引いたところは後世の土地利用で大きく破壊を受けているところである」と指摘している[3]。

　谷口は彼の師の小林達雄の主張する双分制（検証はない）をそのまま受け継ぎ、その存在を前提として論を展開している。小林謙一は「最初の金科玉条といいますかそういうものがあってそれがそのままずっと継承されていくのであれば、我々は考古学者じゃなくて伝統芸能かなんかの家元になってしまうわけで…」と述べている[4]。

② すでに述べたように、外国の学者の「説」によって、自分の論に正統性を与えるのは日本の研究者がよく使う手ではあるが、ペダンチックな装飾以上の意味を見出せないことが多い。レヴィ＝ストロースは構造主義、つまり共時態分析を特徴とする。縄文時代の「環状集落」は数百年、千年間の累積である。比較にはならない。

③ 発展の要因として「生態適応」をあげるが、旧石器時代人や縄文人が自然環境に適応するために社会構造を変革できたとは思えない（第2章第2節）。

　問題は前述の「理論考古学」と全く同じである。このような「研究」を一般には似非学問と呼ぶ。

④ なお、祖霊信仰が検証もなく語られているが、縄文時代には「祖霊」という概念は存在しなかっただろう。黒尾和久は、「『貝塚集落』のあり方に現われているように、全体的にゴミ捨て場と居住の場は、未分化に重複しており、あたかも縄文人がゴミの中で生活していたような有様にもみえるのが『大規模集落』の特徴のひとつである。中期の縄文人骨の多くは、遺構の覆土や貝層間に挟まり、生活廃棄物と何ら区別されずに存在していた。とても墓域を維持し、血縁集団が継続的に祭りをおこなったなどといえるような状況とはいいがたい」と述べている[5]。

　また、たとえば、群馬県八束脛洞窟遺跡では焼人骨の中に、孔をあけた指などの骨や歯が見られ、後・晩期には、歯や指の骨をとりだして、

第4章　考古学資料をどのように解読するのか

孔をあけてペンダントのようにして身につける風習があったと考えられるが、これは祖霊信仰ではなく呪物としての人骨である。集落の中央に墓壙があるとするなら（これも検証されていない）、死体が集落を呪的に守っていたのだろう[6]。

〈縄文集落新地平グループの作業〉

谷口が環状集落は計画的に形成されたと考えるのに対して、環状は偶発的に形成されたと考えるのが、小林謙一や黒尾和久を代表とする「縄文集落新地平グループ」である。

谷口が数百年間の累積である集落址を解釈するのに対して、「縄文集落新地平グループ」は、「時間軸となる土器編年を究極まで細別し、遺構間接合などをあわせて一時的集落景観の復元を目指すなど、集落の動態をより詳細に把握することを研究の基本と」する。つまり、タイムマシンで行って見た景観の復元を目指すということである[7]。

黒尾は、AMS炭素14年代測定によって明らかとなった型式の時間的幅の長短（第1表：p.34参照）を補正するために、各時期の住居検出数を、各時期の推定時間幅で除して、それに住居の寿命を乗じた数値を「平均住居数」とする。つまり、平均住居数＝各時期の住居検出数÷各時期の年代幅×住居の寿命（10年と見積もる：後述）。

平均住居数は、20年の年代幅（たと

第7表　東京都宇津木台D地区の時期別住居数と平均住居数[8]

細別時期	年代幅	住居数	平均住居数
3期	20年	2棟	1.0棟
4期	20年	2棟	1.0棟
5a期	20年	0棟	0棟
5b期	20年	1棟	0.5棟
5c期	20年	1棟	0.5棟
6a期	20年	2棟	1.0棟
6b期	20年	2棟	1.0棟
7a期	30年	3棟	1.0棟
7b期	30年	5棟	1.67棟
8a期	70年	5棟	0.71棟
8b期	70年	3棟	0.43棟
9a期	80年	8棟	1.0棟
9b期	80年	4棟	0.5棟
9c期	20年	3棟	1.5棟
10a期	30年	4棟	1.33棟
10b期	30年	4棟	1.33棟
10c期	30年	6棟	2.0棟
11a期	30年	4棟	1.33棟
11b期	30年	11棟	3.67棟
11c1期	20年	4棟	2.0棟
11c2期	20年	6棟	3.0棟
12a期	40年	7棟	1.75棟
12b期	80年	2棟	0.25棟
不詳	-	9棟	

第2節　縄文時代の「環状集落」

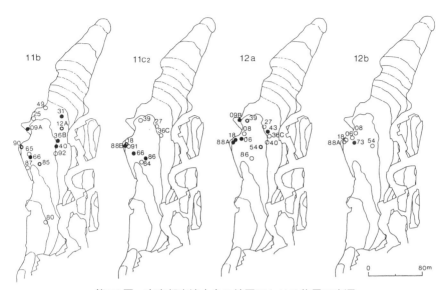

第52図　東京都宇津木台D地区における住居の変遷
（加曽利E2式〜E3式期。黒尾[15]を一部改変。11b〜12bの番号は第7表に対応）

えば11c1期）内に1棟の住居が存在したとすれば、1棟÷20年×10年＝0.5棟と算出される。0.5棟ということは、10年間、1棟の住居が存在し、あとの10年間は住居は存在しなかったということである。

　東京都宇津木台D地区は、約100棟の住居址からなる「環状集落址」である。中期初頭（五領ケ台2式期）から中期後半（加曽利E1〜3式期）までの住居址が確認されており、その存続期間は800年を超える。

　宇津木台D地区における各時期の「住居数」と上述の計算から得られる「平均住居数」は第7表のように示される（各時期の住居分布は第52図参照）。

　800年間のほとんどは、住居が1棟ないし2棟という小規模な景観で推移していることが分かる。そして、平均住居数が1棟に満たない時期が相当あることから、居住は継続的とは言えず断続的で、数十年も耐用可能な堅牢な家を建てて、何世代もが生まれてから死ぬまで同じ場所にとどまり生活するような居住形態は、少なくとも中期の「環状集落跡」からは復元することができない、と結論する[8]。

　小林謙一は住居址の重複（切れ合い）関係と、遺物の遺構間の接合によって、

141

第4章 考古学資料をどのように解読するのか

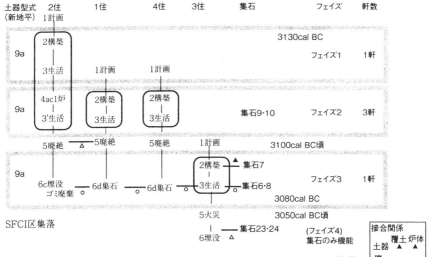

第53図　神奈川県慶應義塾湘南藤沢キャンパス遺跡Ⅰ区（SFCⅠ）集落
のフェイズ設定（小林[9]を一部改変）

時間の最小単位である「フェイズ」の設定を行なっている。

たとえば、遺構Aの覆土上層と遺構Bの貼床内から出土した土器片とが接合すれば、遺構AよりもBの方が新しい、という時間的関係を知ることができる。

また、つくり直され重複する住居群は、その切れ合い関係によって新旧の順序を明らかにすることができる。この接合と重複関係によって住居址間の時間的関係を捉える作業を積み重ねて、同時期に居住されていた住居群を明らかにして集落の時間的単位とする。これが「フェイズ」である[9]。

神奈川県慶応義塾湘南藤沢キャンパス（SFC）Ⅰ区で復元されたフェイズは第53図のようである。集落のおよそ50年間の歴史が分かる。この遺跡でも宇津木台D地区と同じように、同時に居住されていた住居の数は少ない。

第54図はフェイズごとの住居址の分布を捉えた東京都大橋集落の様相（一部）である。同時に機能していた住居は、数軒が並列または対向して配置される例が多いとされる。なお、大橋遺跡ではAMS炭素14年代測定によって、床面の存続期間が平均13年以下と想定されている（それが住居の寿命である）[10]。

「縄文集落」の実態を知るためには非常に手間はかかるが、黒尾や小林のよ

第2節 縄文時代の「環状集落」

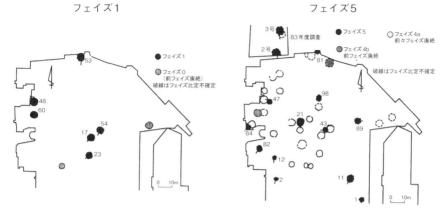

第54図　東京都大橋遺跡のフェイズごとの住居址分布（小林[10]を一部改変）

うにできる限り短期間の様相を捉えて、それをパラパラマンガのように重ねて集落の歴史をとらえるしかない方法はない。

〈環状はどのようにして形成されたのか〉

　黒尾や小林は「偶発的」と述べるが、それでも、最初から計画されていなかったにせよ、意図的としか思えないほどに環状をなす縄文時代の集落址や墓壙が存在する。最初から計画されたものでなければ、どのようにして形成されたのだろうか。

　環状集落址以上に環状をなす環状列石について宮尾亨は次のように述べている[11]。

　　環状列石が形成されている遺跡の多くは、2、3の型式にまたがっているので、短く見積もって数百年、場合によっては1000年近い年代幅をもっている。したがって、環状列石は、一体の構造物を意図して構築されたものではない。血縁・地縁集団が、特定の場所で立石や列石あるいは配石や組石などの単体のモニュメント（記念物）を連綿と構築し、そこで自らの歴史や神話を紡ぐ行為をくり返した結果と考えられる。

　　環状列石を構成する単位配石には、二項対立的な特色がみられる。1つは立体（立石）型と平（置石）型で、もう1つは点（面）型と線（列）型である。これを分類基準にして整理すると、単位配石は、2個以上の単位配

143

第4章　考古学資料をどのように解読するのか

共通する配石群の軸線と単位配石の視線

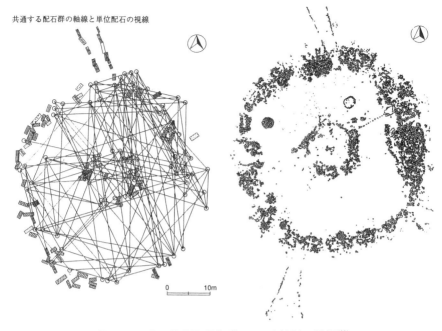

第55図　秋田県大湯環状列石　万座遺跡の様相[11]

　石を意識して構築場所が決定されていた可能性が考えられる。とくに典型的な環状列石では、いわゆる中央の空間を挟んで対向する位置の単位配石を意識するととともに、単位配石の連なる位置の単位配石を意識していることがわかる（第55図左）。
　宮尾が指摘した環状列石の「配列規則」と同じように、真ん中の空間と、対向する位置にある構造物と横にある構造物とを意識して新たな構造物の位置を決めることを繰り返して環状が形成された環状集落址や環状墓壙が見られる。
　東京都向郷遺跡は、加曽利E式期から称名寺式期にかけての293基の墓壙が作られている（図56図）[12]。
　加曽利E2式期以前、加曽利E3式期、加曽利E4式期以降の3つの段階に分けてその形成過程を見ると、「広場」を残して、対向する位置と横の位置が意識されていることが分かる。時期をとおして同じ規則で墓壙を配置した結果、このような環状の墓壙群が形成されたと考えられる。

144

第 2 節　縄文時代の「環状集落」

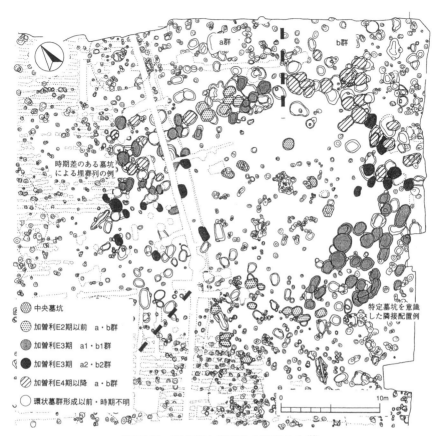

第 56 図　東京都向郷遺跡の墓壙分布[(12)]
同じ時期の墓壙がおよそ対向する位置にある。

　また、新潟県五丁歩遺跡（中期前半）では同じ形の長方形住居址が、広場を挟んで対向して作られ、結果として環状をなしている（第 57 図）[(13)]。
　環状は初めから計画されていたものではなく、また全く偶発的にできあがったのでもない。地域・時代的にかなり普遍的に存在した土地の占拠の仕方として、中央を残して対向する構造物と横にある構造物を意識して構造物を作った結果、このような形ができ上がった。円環が完全に閉じていない場合には、両端に隙間が空いて「二大群＝双分制」に見えるのだろう（第 50 図；p.136・第 51 図；p.137）。そして、円環の完成度は、同じ文化に属するかどうかと、その

145

第4章　考古学資料をどのように解読するのか

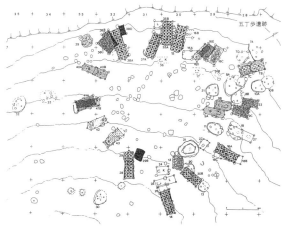

第57図　新潟県五丁歩遺跡の長方形住居址群の様相[13]
同じ種類の住居址がおよそ対向している。

文化の持つ規制の強弱によって決まったのだろう。

〈環状集落址の問題点〉

環状の形成過程が分かっても、不可解なことが残っている。

環状墓壙の形成時期とそれを取り囲む住居址の形成時期が異なる例がある。たとえば、神奈川県宮添遺跡は住居群の形成時期が勝坂式期〜加曽利E3式期、墓壙群の形成時期が加曽利E3式期〜E4式期で、居住域としての利用が終わった後も墓壙の形成が続けられていたと考えられる。同じように居住が終わった後も、墓域として継続して利用されている例は少なくない[12]ことから、「中心部の墓群が集団生活の結集点」であった（谷口）、とは言い難い。

仮に、これらの土壙が墓壙であるとすれば、集落外から遺体を埋葬しに来たことになる。彼らは集落を越えた、広大な領域を生活圏としていたのだろうか。

第58図B[14]は東京都原山地区の土器の分布である。ほとんど全面に、とりわけ住居址（廃屋）に土器片が堆積している。この集落址で最後に残された住居はどれだろうか。それも分からないほどに土器片が散らばっている。同じような状況は貝塚でもよく見られる（第59図2）[14]。

黒尾は住居址覆土間の接合資料は、「環状集落址」においては、比較的距離をおいた住居間に認められ、近接住居には認められない傾向がある（第60図矢印）、と述べている[15]。この東京都神谷原遺跡の場合は廃屋の覆土中の土器が数十ｍ間で接合している。土器をばらまいたのだろう。

あるいは、土器片や貝殻が集落全体に分散されて、集落全面が「廃棄物」で被われている私たちから見ればごみ溜めのような状態は、意図的に作られたのではないだろうか。

第2節　縄文時代の「環状集落」

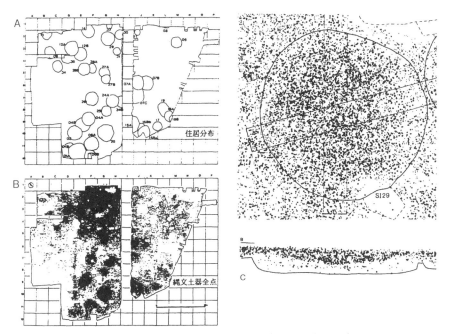

第58図　東京都原山地区の住居址分布（A）、土器分布（B）、
住居址における土器分布（C）の様相[14]

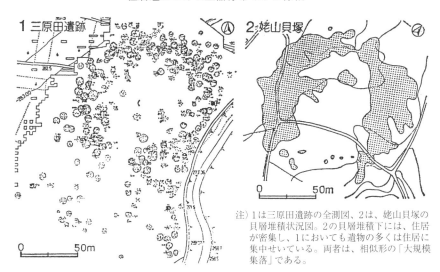

注) 1は三原田遺跡の全測図、2は、姥山貝塚の貝層堆積状況図。2の貝層堆積下には、住居が密集し、1においても遺物の多くは住居に集中せいている。両者は、相似形の「大規模集落」である。

第59図　群馬県三原田遺跡の「環状集落」と千葉県姥山貝塚の様相[14]

147

第 4 章　考古学資料をどのように解読するのか

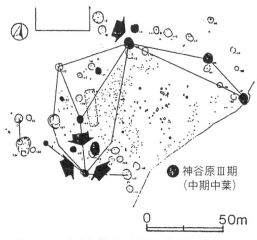

第60図　東京都神谷原遺跡の住居址覆土間の土器の接合状態[15]

中山真治は、中期初頭では、廃棄場所は集落中央の空閑地「広場」を挟んで対向する 2 か所に設置されるが、中期前半以降は廃絶した竪穴の凹地への廃棄が活発になり、そして、住居と集落中央「広場」を挟んだ距離を隔てた反対側の廃絶竪穴などに意識的に廃棄されることがある。その際 1 個体の土器を意識的に分割して投棄することも行なわれた、と述べている[16]。

　旧石器時代の環状のブロック群と同じように、縄文時代の「環状集落」も彼らの世界を構築する、土地の呪的占拠のあり方の結果なのだろう。私たちからすれば、死臭や腐臭が漂い、貝殻や土器片などの「ごみ」が散乱・堆積し、廃屋が並ぶ悪場のようなところであるが、縄文人にとっては、何度も訪ねるべき「聖地」だったのだろう。このような「集落」は民族例でも知らない。

［参考文献］
1　谷口康浩 2000『環状集落と部族社会―前・中期の列島中央部　縄文社会論（上）』同成社
2　谷口康浩 2017『縄文時代の社会進化と儀礼祭祀』同成社
3　土井義夫 2016「縄文集落研究と集落全体図―分析に使える基礎資料はどれだけあるのか―」『考古学の地平Ⅰ―縄文社会を集落から読み解く―』六一書房
4　小林謙一 2012「〜縄文集落研究の新地平の 15 年〜」『考古学リーダー 21　縄文研究の新地平（続々）〜縄文集落調査の現在・過去・未来〜』六一書房
5　黒尾和久 1988「縄文時代中期の居住形態」『歴史評論』No.454　校倉書房
6　設楽博己 2002「二つの弥生文化」『日本の時代史―倭国誕生』吉川弘文館
7　小林謙一 2002「新・横切派宣言」『考古学リーダー 6　縄文研究の新地平―勝坂から曽利へ』六一書房

8 黒尾和久 2016「「横切りの集落研究」から「横切りの遺跡群研究」へ─平均住居数という考え方がもたらすもの─」『考古学の地平Ⅰ─縄文社会を集落から読み解く─』六一書房

9 小林謙一 2016「集落の環状化形成と時間」『考古学の地平Ⅰ─縄文社会を集落から読み解く─』六一書房

10 小林謙一 2008『縄文社会研究の新視点─炭素14年代測定の利用─』六一書房

11 宮尾　亨 2007「環状列石の造営」『縄文時代の考古学11　心と信仰─宗教的観念と社会秩序─』同成社

12 西澤　明 2007「環状墓群」『縄文時代の考古学9　死と弔い─葬制─』同成社

13 高橋　保 2003「五丁歩遺跡と清水上遺跡の比較検討」『新潟県の縄文集落─中期前葉から中葉を中心に─』新潟県考古学会

14 櫛原功一 2009「竪穴住居の型式（中期）」『縄文時代の考古学8　生活空間─集落と遺跡群─』同成社

15 黒尾和久 2012「多摩における縄文中期集落調査の展望」『考古学リーダー21　縄文研究の新地平（続々）〜縄文集落調査の現在・過去・未来〜』六一書房

16 黒尾和久 2009「集落遺跡の形成過程─「環状集落址」の形成プロセス─」『縄文時代の考古学8　生活空間─集落と遺跡群─』同成社
中山真治 2012「縄文時代中期の集落と廃棄について　南関東の中期前半〜後半を中心に」『国立歴史民俗博物館研究報告』第172号

第3節　縄文土偶

〈研究者たちの考え〉

土偶は江戸時代以来注目されてきた、縄文時代を代表する遺物である。

土偶の機能と意味について研究者たちは次のように述べている。

① 妊娠した婦人は、身代わりの妊娠土偶をシャーマンに頼んで、儀礼を通して殺して埋葬してもらい、いきいきと再生強化する効果を出産にたえて、強い子を産むために必要としたといえるであろう（国分直一[1]）。

② 取り巻く自然に“精霊”の存在を感じ、四季の移ろいの中に大地からの生命の“よみがえり”を意識する世界観。現在の日本人の感性にもつながるこうした意識は、既に縄文人の中に育まれていた。… そして血縁的な家族のレベルで、子孫の繁栄と、家族の安泰を祈る“まつり”が成立し、

そこにさまざまな「祈り」の形が整っていく。… 土偶を壊す行為は、土偶に宿る"精霊"を"送る"行為そのものを象徴する（原田昌幸[2]）。

③ 縄文世界には、人間界、自然界を問わず、さまざまな精霊が自由に跳梁していた。精霊たちは森羅万象、風や雲のようなものから、草木・岩石・動物、人が作りだした道具にまで宿り、それぞれの役割を発揮していた。そうした精霊のなかには、祖先霊も含まれていただろう。自然の恵みの中で生きている縄文人は、さまざまな精霊たちと深く交感することができ、ひたすら祈願し感謝すれば相応の報酬を与えてくれる、と信じていた。… 縄文人は、こうした霊力をもつ精霊の姿形を、新しい生命を生み出す神秘的な力をもつ、女性の体と似通っているとイメージしたのだろう（藤沼邦彦[3]）。

④ 安全な出産の願いを込めた呪術具である可能性が大である。… この土偶が出産をひかえた男女二人のものであれば、その願いは生まれてくる子どもが夫婦の宝物であるとする現代社会の感性と同じことになる。しかし、この土偶が集落の共有物であったなら、新しい生命の誕生によって安定した社会の継続を願った縄文社会の根幹に触れることになるのだろう。子どもは社会の宝物だったのである。そして、女性は未来の社会を映し出す太陽だったのだ（能登健[4]）。

⑤ 土偶の特徴から、"女性が女性像を持つ"ことになる。同じ女性ということで親しみを感じ、個人的な悩み（恋愛、結婚、妊娠、出産、病気、心配事など）を訴えかけやすいのではないか。逆に使用者が男性なら、異性ということで性的なものを訴えることになるだろう。そして、土偶の一般的な大きさが、"掌の収まる"サイズであることが重要である。… 十字架や数珠もこの程度の大きさであり、手に握って祈るのにちょうどよい大きさということなのであろう。そして、"正面性が強くて自立できない"という土偶の特徴からまず思い出すのは、"お人形さん"である。手に持ったり抱いたりして慈しむのであろう（金子昭彦[5]）。

⑥ 土偶を心理的な象徴 Symbole として理解したい。象徴という語は多様な用いられ方をしているが、本稿では心理的および社会的な側面について土偶という象徴のもつ意味を述べてゆきたい。そして象徴なるものを C.

G. ユングにはじまる分析心理学の立場にならい、心 Psche の表出したものと考えていきたい。… 土偶は縄文社会の人々の身体的・心理的疾患・不安を解消する力をもつと信じられた母性性の象徴なのであり、個人にとってはその不安などを解消し、その心理表現に対する文化的な安定を与えるモデル・パターンとして働いたのであろう（磯前順一[6]）。

②や③の「精霊」という概念は、19世紀後半に E・B タイラーが提唱した、生物・無生物のものにも霊魂が存在するという思想（アニミズム）によるものである。

研究者たちが論じている土偶儀礼の目的は、安産祈願、家族の安泰、個人的な悩みを訴える、疾病・不安の解消、などで、「ひたすら祈願し感謝すれば相応の報酬を与えてくれる」という言葉によく示されているように、いずれも身近な現世的利益を得るための、現代人の祈願である。

〈呪術について〉

土偶についてもしばしば「呪術」が語られるが、考古学研究者は呪術をどのようにとらえているのだろうか。

① 岡本勇は、「生産と呪術は、いわば盾の両面として、生活の場ではなれ難く結びつき、縄文社会を根底からささえていたのである」と意義づけ、また、小林達雄は、「一定の環境と道具類の装備で限定された縄文人の、狩猟採集社会の枠をわずかながらもふくらませ、充実させたのは、道具を駆使する技術向上の訓練であり、もう一つが呪術、儀礼であった。（そして、現実の道具、技術の効果を確実にするための）第二の道具（儀礼）と技術（呪術）というべきものであった」と、より積極的に受けとれる発言をしている。ある言葉を借りれば、縄文時代の呪術は縄文人たちが自然に適応し、あるいは自然を克服して生きていくための、科学以前の一種の擬科学であると譬喩することができよう（永峯光一[7]）。

② 縄文人たちは一本一草にも、日常のいかなる器具にも霊魂が宿ると考えたであろう。狩猟漁携が生活の主体であったから、食糧の確保は生死を決定する重大事であった。かような原始社会にあって呪術がいかに重要な行事であったかは、未開民族の諸例をみるまでもなく、遺跡・遺物に

第4章　考古学資料をどのように解読するのか

　　明瞭である。今日の不猟は呪術師によって祈祷され、明日の行動は呪術
　　によって左右されたのであろう。その意味で、縄文時代は呪術的信仰社
　　会であったといえよう（野口義麿[8]）。

　永峯光一の記述のように、小林は縄文時代の道具を２種類に分け、第１の道
具は、労働生産用具、厨房具、工具などで、第２の道具は、儀礼、呪術などと
かかわって効果が期待される儀器・呪術具などで、それは「第１の道具の果た
しえない分野を広く分担する」と述べている[9]。技術の及ばないことを呪術で
補うという考え方も前々世紀から前世期のはじめにかけて流行し、旧石器時代
の洞窟壁画もそのように解釈されていた。しかし、象徴的世界と論理・記号的
世界（技術・生業）は、技術の未発達を呪術で補うというような補完関係には
ない[10]。それは、現代人の考えである。

〈時期と地域について〉

　地域的・時代的に土偶を持つか否か、またその数が異なる。小野正文による
と、縄文時代前期以降土偶を多量に出土する山梨県においても、前期の諸磯Ｃ
式や十三菩提式、称名寺式に伴出する土偶は知られていない。中期後半では
曽利式期には多量の土偶が認められるのに対して、加曽利Ｅ式期では全く少
ない[11]。縄文時代１万年間に見られる多様な土偶が文化的に関係を持つか否
かも分からない。

　さらに地域によって土偶の機能が異なる可能性がある。たとえば、北海道の
縄文時代晩期では土偶は墓または墓域から出土し、完形か完形に近い形に復元
される場合が多く、埋葬儀礼と関連を持った可能性がある[12]。

　したがって、ここで対象とするのは甲信越から関東、東北地方に分布する土
偶という、やや漠然とした資料である。

〈土偶の破壊〉

　土偶が意図的に壊されたことを最初に述べたのは大場磐雄と八幡一郎である。
八幡は「土偶は完全に発見せられることは極めて稀有で、多くは首、手、足等
のいづれかが欠失する。之は恐らく呪物であり、其一部を損傷して棄去ること
により、災禍を遁れ、悪疫を去ったのであろう」と述べている[13]。

第3節　縄文土偶

　小林達雄は土偶はあらかじめ壊れるように作られた、と述べている。

　　それぞれの土偶片の割れ口に目を凝らすと、製作工程において部位ごとの塊で成形され、しかるのちに接合して全体に仕上げられた様子が読み取れるのである。つまり、土偶の破片は偶然の結果ではなく、製作時に組み込まれたプログラム通りに忠実に則っていたのである。それは、板チョコを予め刻み込まれた溝に沿って分割するのに似ている。土偶の破片状態となる様を「チョコレート分割法」と名付けたゆえんがここにある。ドグウ観念技術の遂行に込められた深遠な計画性を評価すべきではないか[14]。

　小野正文は、「釈迦堂遺跡出土の土偶をX線写真で観察し、これを土偶の『分割塊製作法』として明らかにした[11]」と述べている。

　一方、藤沼邦彦は、「(東北地方では) 頭・腕・足などを胴体につなぎ合わせるために、つなぎ目をソケット状に工夫し、周囲に粘土を足して補強している。あらかじめ、壊れやすいように、つなぎ目を工夫したものは見られない[3]」と述べ、能登健も、「(岩手県立石遺跡の土偶について) 土偶製作の技法は、そのほとんどが土器製作の技法と一致しており、土偶の製作時のみについて"壊れる"または"毀しやすい"という作為が加わっていることは考えにくい」[15]と述べている。

　あらかじめチョコレートのように割りやすく作るという論理も現代人のものである。

　富山県長山遺跡の例（第61図）[16]はあらかじめ割りやすく作られた例（分割塊製作法）として挙げられているが、このように割りとることは困難であるから、この資料は自然破壊の可能性が考えられる。

　つぎに壊れ方の具体的な様相を見てみよう。

　岩手県立石遺跡は、縄文時代中期中葉から後期後葉にか

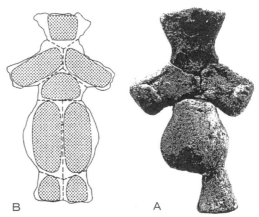

第61図　富山県長山遺跡（中期）の土偶（A）と製作の模式図（B）（一部改変）[16]

153

けての遺跡で、祭壇と考えられる配石から、218点（？）の土偶の、頭部、胸部、腹の上半部、腹の下半部、肩部、腕部、足の上半部、足の下半部が出土している。完全なものはない。また、貼付技法によって作られた乳房や腹部の隆起などにもはがれた痕跡が見られる[17]。そして、中村良幸によると、この遺跡で破壊された244個体の土偶の破片の総数は、最低でも763個と推定されるが、その内の500点以上が発見されていない[18]。

藤村東男は、岩手県九年橋（晩期）・小田（後期）・立石遺跡（後期）、北海道聖山（晩期）・札苅遺跡（中期）、千葉県西広遺跡（後期）の土偶を集計して、完形品は677点の内の3点（0.4%）に過ぎず、大部分が頭・腕・脚などの破片で、破片の残存部位も1部位のみが71.7%、2部位のみが15.3%と両者で大部分を占め、全体の5分の4の破片は失われているとしている[19][24]。

細かく割られたのは土偶だけではなく、石剣や石棒も折られた。

東日本の9遺跡の石剣類の出土状況を検討した藤村東男は、石剣類には完形資料がほとんどなく（992点中の13点。1.3%）、他の遺物とくらべて極端に少ないことから、土偶と同じ様に、人為的な損壊による可能性が高いとしている。破片は長さ10cmほどに小さく壊されて、捨て場に廃棄されている[20]。

長野県増野新切遺跡（中期）では、石棒が焼かれて小破片に破壊され、D22号住居址（9片）、接するD28号住居址（3片）、土壙53（2片）、離れてB5、B6、D3、D33号住居址（各1片）の計18点が接合する[21]。石棒は土器と同じように、集落内にばらまかれたのだろう。

また、大形の石棒も折られたようである[22]。石剣や石棒の破壊は、土偶が意図的に破壊されたことを傍証する。

〈アスファルトによる補修〉

破損した土偶の破片をアスファルトで接着し補修した例がある。

岩手県立石遺跡では、土偶244個体のうち35個体（14.3%）にアスファルトによる補修の跡が残され、岩手県荊内遺跡（後期）でも252個体のうちの23個体（9.1%）にアスファルトの付着が認められた[17]。類例は東北地方の後・晩期を中心に一般的に見られる。ただし、これらの破片が接着されたままの状態で出土することは稀で、大部分は再び割れて、接合しない。

第3節　縄文土偶

〈接合〉

　岩手県九年橋遺跡は大洞 C2 ～ A 式の時期に廃棄場所として利用され、何層もの遺物包含層から土偶 667 点（破片数）を含む大量の遺物が出土した。土偶は 100％ が破損しており、接合率は 3.2％ である。一方、岩版・土版も 95％ が破損し、22.2％（45 個体中 10 例）が接合する。そして、土偶は各部位が同じ場所に廃棄されることはほとんどないのに対して、岩版・土版は破片が

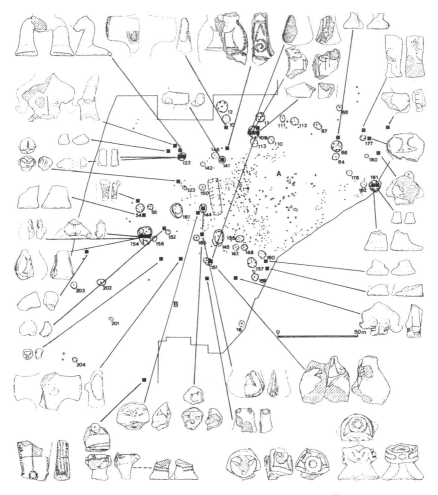

第62図　東京都神谷原遺跡の土偶の出土状態[25]

155

ある程度まとめて廃棄されている[23]。石版・土版のあり方は石剣や石棒と似ている。

谷口康浩も、土偶の破片が多数出土しても、それらが接合するケースは極めて少なく、せいぜい2～3部位の接合で、原形に復元できる例はほとんどない、と述べている[24]。

接合した次のような例がある。

長野県増野新切遺跡では中期後半を中心とする76軒の住居址から44個体の土偶が出土している。各住居址にまんべんなく見られ、3点が住居址外から出土している。住居址間で接合する3例の最長距離は約25mである[11]。

山梨県釈迦堂塚越三口神地区からは中期のほぼ全時期の土器が出土し、土偶は892点である。距離が約88mの接合が2例見られ、さらに三口神平地区の土器捨て場と野呂原地区の土器捨て場の約230mの距離で接合している。この2つの集落の間には小さな尾根があり、互いの集落からは見えないことから、独立した集落間の接合と考えられている[11]。

東京都神谷原遺跡は中期初頭の五領ヶ台式期から中期前半の藤内Ⅰ・Ⅱ式期の遺跡で住居址43軒、土壙64基などから成る（第62図）。土偶は48個体、総数53点が、環状をなして分布し、4点2個体分が接合している。最長では、広場を挟んで90mの距離で接合している。

この遺跡でも、土偶の分布は住居址の分布と同じで、土器片の分布範囲である[25]。

〈特殊な出土状況〉

しかし、土偶は集落の廃屋や貝塚などに捨てられただけではなく、稀に集落から離れた場所から断片が単独で出土することもある。たとえば、青森県八戸市長者森遺跡から晩期大洞BC2式と思われる小形遮光器土偶の頭部が、沢の斜面から他の遺物を共伴せずに出土している。その遺跡は、大きな集落である是川中居遺跡や八幡遺跡からそれぞれ2kmの距離にある。また、丘陵地の沢の斜面に立地する岩手県軽米町叺屋敷Ⅰa遺跡からは小形遮光器土偶の脚片が出土している[5]。

祭壇や遺構からの出土が想定される場合もある。

前述の岩手県立石遺跡では、大岩の周囲の配石遺構群から、多様な石器や土器とともに244点の土偶が出土している[17]。

山梨県夫婦岩遺跡は中期中葉から後半の500年以上にわたる遺跡で、谷川のほとりの大岩の周囲に無数の礫石が散らばり、その間から約50点の土偶と完形や完形に近い土器が出土している[26]。

なお、長野県的場遺跡・鴨池遺跡・西ケ原遺跡では住居内のピット（柱穴）内から土偶が出土し、長野県辻裏遺跡・白須遺跡では埋甕内から出土したとされるが、「遺構の覆土から発見されることはあっても、遺構そのものにともなうことはほとんどない」[5]。1970年代以降の発掘では、遺構に伴って土偶が出土した例はない。

〈土偶の数〉

山梨県釈迦堂遺跡からは縄文中期の土器型式のほとんどが出土している。縄文中期が1000年間だったとすると、1116点の土偶が出土していても1年1個という割合になる[27]。堀越正行は千葉県堀之内貝塚（後期）では、土器型式を仮に100年とした時、土偶は30年から50年に1度位の使用となる。貝塚にまだ土偶が埋もれているとしても、毎年土偶の祭りが行なわれたとは到底考えられないとしている[28]。

〈まとめ〉

土偶の特徴は次のようにまとめられる。

① ばらばらに壊れている。石棒なども折られていることから、土偶が壊れているのは意図的であると判断される。ただし、どのようにして壊されたのか、折れ面についての具体的な分析はない。

② 集落内での接合率が他の遺物と比較して極めて低く、破片の大部分は集落外に分散されている。ただし、どの遺跡で壊されたのかは把握できない。

③ 通常は貝塚などの「ごみ溜め」や廃屋に他の土器や石器、あるいは動・植物を食べたかす、人骨などと一緒に「廃棄」されている。

④ 女性像がほとんどで、いずれとも判断できないものもあるが、男性像と判断できるものはない。

第 4 章　考古学資料をどのように解読するのか

⑤ 多くて 1 年に 1 回、おそらく、数年〜十数年に 1 回の割合で壊されたと
　推定される。土偶の数が少ないことからも、身代わりの人形、安産祈願、
　相談相手の人形などの個人的な使用は否定される。

　この条件を満たす仮説を作る。

　縄文時代の世界は、象徴的世界 1 か象徴的世界 2 のいずれだったのだろうか。
民俗資料から復元される象徴的世界 1 には神話がない。

　一方、縄文土器の煩雑な、あるいは、人物や動物をかたどった文様、不可解
な道具類、列石や土塁などの遺構、そして土偶や土版から、縄文時代には象徴
的世界 2 が存在した可能性が強いと判断される。縄文時代と弥生時代の遺物や
遺構の様相の違いは、生業の違いによるものだけではなく、世界創造神話の時
代から王の神話や祖霊信仰の時代に変わったことによるものである。

　神話と地上とが重なり、神話が世界解釈体系の役割を果たせば、縄文人の社
会や世界、食べた動・植物にいたるまで神話的存在だっただろう。道具類も神
話によって意味を付与されていただろう。

　さらに、製作物・使用物、まして死者がその集落の居住者と強いつながりを
持っていたとすれば（第 3 章第 3 節：p.110 参照）、縄文人はそれを捨てていく
（分散する）ことによって、彼らにとってはプラスの力を持つ、関係のない者
にとってはマイナスに働く呪的空間を作ることができる。環状集落や環状貝塚
のこちら側、内側は彼らにとって強い力を持つ、聖なる空間だったのだろう。

　しかし、この考え方によっては、土偶の役割を解くことはできない。土偶は
「捨てられる」前にばらばらにされ、その集落だけではなく、むしろほとんど
の部分が他の集落に分散された。つまり、土器や石器などの道具とは異なる儀
礼の結果そこにある。

　土偶とは何か、それは女性であることから、集団の祖先ではない。祖先な
らば男女一対で表わされるのが通例である。もっとも可能性が高いのは、彼
らの世界を創った神である。土偶が生産する女性であることからも説得力があ
るように思えるが、ドゴンの神話のように神は必ずしも女性である必要はない。
「性」を持たない神、アンマは自らに書かれた象徴によって世界を創る。

　アスファルトによる補修が見られることから、土偶は壊されるために作られ
たのではなく、通常は集落のどこかに安置されていたと考えられる。稀に見ら

158

れる完形の土偶はその状態で残ったものだろう。そして何年かに一度壊される。それは神話でのエピソードをなぞったものであろうが、壊されることを供犠と理解すれば、神を供犠することになる。神が自らを供犠して世界を救済・更新する神話か、あるいは土偶はドゴンの神話のノンモのような供犠されるべく生まれた存在だったのだろうか。

こうして破片になった神を彼らの神話的領域（活動領域とおよそ一致するだろう）に分散した。

その儀礼は、彼らの世界の更新＝確認を目的としたものだったのだろう。神話ではその領域に供犠された神の身体が飛び散ったのかもしれない。

土偶の多くは他の集落から持ってこられて、土器や石器、死体や食べかすとともに集落の中の廃屋や集落を囲む貝塚、集落の捨て場などに分散された。神谷原遺跡（第62図）のように何度も土偶を「捨てに」来るのは、その集落が神話的な「聖地」だったのだろう。

土器や石器、死体や食べかすはその集落の聖なる空間を形成し、土偶は神話を共有する集団のより広い世界を更新し、形作った。

［参考文献］

1　国分直一　1969「大地と呪術」『日本文化の歴史　第1巻』学習研究社

2　原田昌幸　1995『土偶〈日本の美術 No.345〉』至文堂

3　藤沼邦彦　1997「縄文の土偶」『歴史発掘3』講談社

4　能登　健　2011「縄文時代」『列島の考古学』河出書房新社

5　金子照彦　2001「遮光器土偶と縄文社会」『ものが語る歴史4』同成社

6　磯前順一　1990「土偶の出土状態と機能」『刊考古学』30号〈特集縄文土偶の世界〉雄山閣

7　永峯光一　1977「呪的形象としての土偶」『日本原始美術1　土偶・埴輪』講談社

8　野口義麿　1974「土偶芸術と信仰」『古代史発掘　縄文時代2』講談社

9　小林達雄　1996『縄文人の世界』（朝日選書）朝日新聞社

10　竹岡俊樹　2014『石器・天皇・サブカルチャー』勉誠出版

11　小野正文　1990「土偶大量保有の遺跡―縄文中期の場合」『季刊考古学』30号〈特集縄文土偶の世界〉雄山閣

12　長沼　孝　1999「北海道の土偶」『土偶研究の地平3―土偶とその情報・研究論集』勉誠社

第 4 章　考古学資料をどのように解読するのか

13　八幡一郎 1939「日本先史人の信仰の問題」『人類学・先史学講座 13』雄山閣

14　小林達雄 2009「縄文代中期の世界観―土偶の履歴書―」『火焔土器の国新潟』新潟県立歴史博物館編　新潟日報事業社

15　能登　健 1983「土偶」『縄文文化の研究 9　縄文人の精神文化』雄山閣

16　神保孝造他 1985『富山県長山遺跡発掘調査報告』八尾町教育委員会

17　大迫町教育委員会 1979『立石遺跡第 3 集』

18　中村良幸 1988「土偶考―大迫町立石遺跡出土例の分析を通して―」『早池峰文化』1　大迫町教育委員会

19　藤村東男 1983「岩手県九年橋遺跡出土土偶の損壊について」『萌木』18　慶応義塾女子高等学校

20　藤村東男 1985「岩手県九年橋遺跡出土石剣類の損壊について」『古代』80　早稲田大学考古学会

21　神村　透 1997「7　下伊那系尻張り土偶都他型式土偶」『土偶研究の地平 1　土偶とその情報・研究論集』勉誠社

22　鈴木素行 2007「石棒」『縄文時代の考古学 11　心と信仰―宗教的観念と社会秩序』同成社

23　稲野彰子 1990「土偶と岩版・土版」『季刊考古学』第 30 号〈特集縄文土偶の世界〉雄山閣

24　谷口康浩 1990「土偶の壊れ方」『季刊考古学』第 30 号〈特集縄文土偶の世界〉雄山閣

25　中山真治 2016「土偶と出土状態―多摩地域の縄文中期前半の土偶多量出土遺跡の検討―」『考古学の地平 I―縄文社会を集落から読み解く―』六一書房

26　小林達雄 1992「縄文土偶の観念技術」『土偶研究の地平 1』勉誠社

27　小野正文 1987「山梨県釈迦堂遺跡群出土の「誕生土偶」」『考古学ジャーナル』272　ニュー・サイエンス社

28　堀越正行 1996「堀之内貝塚出土の土偶」『市立市川考古学博物館年報 3』

第 4 節　銅　鐸

　佐原眞は、「日本における考古学の遺物のなかで、銅鐸ほど謎につつまれたものはないといわれる。その数多くの謎のなかでも、ことに不思議なのは、なぜそれを埋納したかということである」と述べている[1]。最後に、その謎を解く。まず、これまでの代表的な説を見ておこう。

第4節　銅　鐸

〈研究者たちによる解釈〉

① 弥生人の生活基盤が、水稲耕作にあったことに想いをはせれば、農耕にかかわる祭祀として、銅鐸を用いての祭りほどふさわしいものはない。… 田植えに先立つ予祝の行事で秋の稔りを祈願し、取り入れを終えての収穫祭で、豊作に感謝する儀礼は欠くことのできない行事だった。まして、技術的に低い段階にあった弥生時代のことである自然の脅威にたえずさらされていた農民たちが、神に期待し、依存するところは、はるかに大きかったことだろう。

　そして、銅鐸は「日常の生活からまったく切り離され、聖域ともいうべき場所に埋められて保管され、祭儀のおりにだけ取り出されて用いられた」。「銅鐸を取り出すこともふたたび埋めることも、おそらく祭儀の一部として重要な行事だった」。ところが、銅鐸の祭りが終りをつげたため、銅鐸はそのまま地中におきざりにされた（佐原眞[1]）。

② 古代の呪術宗教の発展段階の一こまとして、地的宗儀から天的宗儀への転換が原則的に考えられている。… 高天原の信仰とそれに伴なう諸儀礼は、蒙古・満州の諸民族の間に著しく発達し、それがわが国に伝えられた。その受容の時期は一応3世紀頃と推定される。そして根ノ国の信仰から新しい高天原の天ッ神の信仰へと、わが国の祭政史は急激に推移したのである。… 銅鐸は特定の地点に埋められた銅器である。この大地に埋めるという宗儀行為は、原則的に大地の神霊をしずめ和ごめる地的宗儀の最も一般的な呪術儀礼である。

　銅鐸が地中に埋蔵されたことは地霊・穀霊の依り代であったからであり、… それを地中から掘り出すことは単なる保管場所から取り出すのではなく、地霊・穀霊を地上に迎え祭ることであり、そのようにして村や国の祭りが実修されたのである（三品彰英[2][3]）。

三品の民俗学・民族学からの考察とする銅鐸埋納についての説は佐原眞や田中卓などの研究者に大きな影響を与えたが、私は地的宗儀から天的宗儀への転換も、地霊や穀霊の依り代を地中に埋めるという事例も知らない。

③ 金色に輝き、音を発する銅鐸は、金属の光と音の力で邪悪を祓う祭器だった。弥生人は、集団の安寧のために銅鐸を鳴らして山川海の神を招

いて荒魂を鎮撫したあと、その効果を永遠のものにするために、最後は神に奉納し神宝に変えた。貴重な銅鐸と決別するその祭りは、よほどの非常事態に遭遇しての特別な行為であったことはまちがいない。

尾根の上に設けた祭場に山の神を招き、祭りをおこなったあと、その斜面に銅鐸を埋めた。銅鐸を埋納した地点は、神が宿る山、神を招く尾根、そして最終的に銅鐸を神に奉納する斜面のうちの1つである。

銅鐸の大量出土地域は、神戸市桜ケ丘と滋賀県大岩山は畿内の西と東の入口に位置し、和歌山県日高郡は畿内の南の入口に位置するとみることができるし、さらに静岡県細江町は三遠式銅鐸を製作した東海地方の東の入口にあたっている。銅鐸の祭りの主体者は、畿内中枢部の鋳造に関係している集団で、彼らにとっての畿内の境界で、畿内全体の共通利害に関わる重大事として銅鐸の埋納をおこなったのだろう（春成秀爾[4]）。

④ 寺沢薫は、「銅鐸が、平時は集落（地上）で管理・保管され、有事に際して浸しくる邪気、悪霊に対抗するためにその進入路たる境界各所に埋納する呪器と位置づけることが現状での考古学的状況を満足する最も合理的な解釈であろうと考える」として、次のように論を展開する。

「聞く」銅鐸の段階では、銅鐸は春から秋には水田を望むことのできる祭場の祠に祀られて、水田に宿ってイネの成長を育んでくれる穀霊を災厄から守り（僻邪）、また、秋から春にかけては母集落内の特定建物か高床倉庫に常時安置され、来年の種籾や初穂、あるいは収穫物に宿る穀霊を再び春の播種まで遊離しないようつなぎとめる（呪縛）という2面の守護的な役割を発揮していた。銅鐸の埋納はそうした年々の安定した日常性が破られ、かってない困難な状況に落ち入った時、最後の切り札として共同体の総力をあげて行なわれた。

しかし、銅鐸はしだいに敵対する共同体や社会の邪気に対すると呪詛をも含み込んでいくことになる。銅鐸は小共同体を越えた大地域を政治的な侵犯や戦争によって浸しくる邪気（北部九州の）から守護するためのカミを宿らせ、成長させるための呪器として極限まで巨大化することになったのである。そして、それは銅矛圏との境界に大量・集中埋納された（寺沢薫[5]）。

私は、穀霊を守る・つなぎとめるという事例は知らない。後半の、境界領域に埋納して、「敵」の侵攻を呪的に阻止するという考えは春成と同じである。

⑤　弥生社会においては、青銅器の保有者であるというだけで一定の社会的地位が得られたとものと考えているが、獲得が困難で、特別な意味や価値を有する貴重品であるその青銅器を、人々の面前で「惜しげもなく」土中に埋めて最終的に消費してしまうということは、自らの地位・財力を誇示し、威信を高める上で多大な効果があったものと推察されるのである。一定の秩序の中で埋納する青銅器の質と量をライバル間で対抗し、競い合う状況があったのであろう。埋納する青銅器の量は多ければ多いほど、宗教的にも、世俗的にも効果が高かった。青銅器の埋納の儀礼を尊敬・畏怖のまなざしで見守っていた持たざる多数の人々の姿を思い浮かべる必要がある（桑原久男[6]）。

アメリカ北西海岸の原住民の首長間で行なわれていた「ポトラッチ」である。ポトラッチでは、威信のために、招いた客の前で、財産である銅版を破壊し、毛布や家屋を燃やし、奴隷を殺す[7]。銅鐸が2個以上出土している例は18%にすぎず、埋納の仕方に規則があり、かつ山の斜面に完形のままで埋納されることなどから、ポトラッチとは考え難い。

〈銅鐸が埋納されている場所〉

寺沢の集計によると、銅鐸が発見された場所は、

①　山頂・山腹や丘陵の斜面：69%

②　台地や段丘縁辺ないしは自然堤防上：16%

③　河川敷やその近傍：3%

で、①についても、厳密にみれば山腹や丘陵斜面というよりも、谷地からせいぜい比高数mの丘陵裾や谷頭の斜面からの出土例も少なくなく、山腹や丘陵への埋納は尾根や稜線にかくれて見通しのきかない場所が卓越する、とする。従来から、「大多数の銅鐸は、当時の集落から離れた小高い丘に埋めてある。意識的に丘頂を避けて埋納していることは明らかである」とされている[8]。

変わった例としては、岡山県玉野市沖の深さ50mの海底から、大きな破片が出ている。

第4章　考古学資料をどのように解読するのか

銅鐸が埋納されるにあたって、その前で儀礼が行なわれた痕跡は見られない。高坏などの土器も出土しない。つまり銅鐸は神霊でも、神に捧げられたものでもないだろう。

寺沢や春成は、外敵から集落・共同体を呪的に守るために境界領域に銅鐸を埋めたとするが、古来そのような機能を持つ境界領域は、道や辻だった。山の斜面・中腹は境界ではなくむしろ他界（外世界）である。

桜井徳太郎は、道祖神について次のように述べている。

　　以前は悉く隣部落と界を接するムラザカイや山を越えて隣部落と連結する峠などに鎮座していた。この村境は古来きわめて重視され、外界からの病魔や禍厄が部落内に侵入しないように防衛の役を担う神が要求され、また部落内に生起する病魔や禍厄を村外へ送り出す役を担う霊力が要求され、そこに道祖神が祀られた[9]。

また、道饗祭について『令集解』（巻七神祇令：9世紀）には次のような説明がなされている。

　　謂ふ。卜部等京城の四隅道上に於て之を祭る。言は鬼魅を外より来たらば、敢て京師に入らざしめむと欲する。故に預め路に迎へて饗遏するや[10]。

なお、道饗祭の祝詞によればこの祭神は八衢比古・比売と久那斗神の3神である。

では、山とはどのような場所だったのだろうか。

かつて、ほとんどの死者は遺棄され、また風葬された。

使用人など血縁関係のない者を絶命以前に道や藪に捨てる風習は古代以来存在し、また、血縁関係のない者はもちろん、刑死者、幼児、死者の家族が貧しい場合などには、死体は遺棄された[11]。この死体遺棄と風葬（葬制の一つ）とは異なるが、いずれも痕跡は残らない。

銅鐸発見地の70％を占める山について民俗資料をみてみよう。

①　この系統の葬地（風葬）と思われる地は意外に多く、山陰地方を主として調査したのであるが、各町村ごとに1か所は存在するのではないかと思うほどである。

　　また、ほとんどの地に、荒神、大元神が存在している。山神の場合も少数ながら存在する。紡錘型とか二上山型の、一見して神聖な山には、

第4節　銅鐸

この葬地が不思議なくらいに存在している。このような山はそれほどの高山ではなく、… そして、盆花迎えや農耕儀礼に関る習俗と関って存在している（白石昭臣[12]）。

　そして、白石の記述によれば、このような山の中腹から銅鐸が発見されることがあるという。

② 山形県庄内地方に多いモリノヤマは祖霊の行って住む山で、その点阿武隈山中のハヤマ岳と酷似した信仰である。… モリとはもともと霊の住む樹立の繁った所という感じで、遠く眺めてもあの山らしいと見分けやすい、里近いたたずまいのよい山であることが多いのもハヤマと同じである。これは専ら祖霊のことを言っている。… 死者の霊は死後一定の期間は近くの山にとどまり、歳月の経過につれて穢れが浄まるとさらに高く尊いお山にこもって山の神となり、そこから子孫の営みを見守っているが、春の農耕期になると山を下って田の神（穀霊）となり、秋の収穫期が過ぎると再び山に帰るという。霊格の高い祖霊に昇華する以前の死霊のとどまる山を庄内地方ではモリとかモリノヤマと呼ぶという（岩崎敏夫[13]）。

おそらく日本全土で、山は風葬の地だった。

山に風葬の形で葬った死霊を、木に祀った大元神や荒神（祖霊）によって浄化し、祖霊化して山上に祀るのが祖霊信仰である。その祖霊が地区の守護神でもあり農耕神（穀霊）でもある。そして、島根・広島・岡山・鳥取・兵庫で荒神、大元神、山の神の年季祭が行なわれる場所は、平野3、山間14、海辺・海岸2例で、山間の荒神や大元神を祀る神祠や神木の近くには、ほとんどといってよいほどに葬地と思われるアシダニ、オクダニ、ウシロダニ、イヤダニなどと呼ばれる地が存在している[12]。

　銅鐸出土地に「神」のつく地名が多いという指摘があるが[14]、その神は、島根県神庭・荒神谷、兵庫県桜ヶ丘町神岡、香川県明神原、静岡県釣荒神山など、多くは死霊の浄化を担う神で、祖霊である。古代の神話に出てくるような神々ではない。

　そして、「神」以上に目立つのは「谷」のつく地名で、そのほとんどが丘陵斜面に立地している（地名表と立地は寺沢薫[8]）。

　島根県神庭・荒神谷（丘陵斜面）、島根県志谷奥（丘陵斜面）、鳥取県池

165

ノ谷（丘陵斜面）、香川県西ノ谷（丘陵斜面）、香川県一ノ谷（低地）、徳島県田村谷（丘陵斜面）、京都府式部谷（丘陵斜面）、大阪府如意谷（丘陵斜面）、静岡県穴ノ谷（丘陵斜面）、静岡県悪ケ谷（丘陵斜面）、静岡県中ノ谷（丘陵袖）、静岡県滝峯才四郎谷（丘陵斜面）、和歌山県石井谷（丘陵斜面）、和歌山県朝日谷・亀山（山腹）。また、それに類する地名には、広島県下陰地（丘陵斜面）や香川県源氏峰ノタバ（山頂谷間）などがある。

民俗例では葬地・風葬地の名前にはタニが多く、銅鐸が発見される「谷」もかつての葬地・風葬の地だった可能性が強い。このような地に銅鐸は埋められた。

銅鐸は死んで埋葬されたのである。寺澤によると埋納坑が銅鐸が埋設しうるギリギリの浅い例が圧倒的に多いとされる[5]。薄葬されたのである。

近年、奈良県大福、徳島県名東、愛知県朝日遺跡から出土した銅鐸が、いずれも当時の集落の縁辺の墓域に埋められていたことも銅鐸が死んだことを示している。

〈銅鐸の埋め方〉

寺沢によると、18遺跡の埋納状況は次のようである[5]。

① 鰭を垂直に立てていた例：11遺跡27個
② 鰭を水平にして据えていた例：4遺跡4個
③ 鰭が斜めになっていた例：4遺跡5個
④ 正立状況で検出された例：1遺跡1個

鰭を垂直に立てたものが圧倒的に多く、鰭が斜めで出土したものはいずれも工事に伴って発見され、本来は鰭を垂直に立てていた可能性が高いとされる。なお、近年、逆さに埋められた銅鐸が発見されている（第63図）[15]。

春成によると、島根県加茂岩倉遺跡出土の銅鐸39個の内の12個

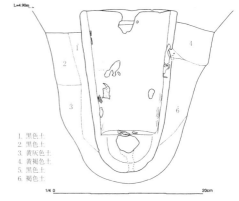

第63図　愛知県八王子遺跡の銅鐸出土状態[25]
（一部改変）

の鈕に×印の刻線がある。春成は、この×印について、「埋めるにあたって銅剣や銅鐸のもつ威霊が逃げ出さないように、埋めるときにつけた印なのではないですかね」と述べている[14]。

第3章第2節（p.103）で述べたように、×は「封じる」を意味し、葬送儀礼の場合は死霊を日常世界から封じる。

森浩一と石野博信は、徳島県矢野や奈良県大福、大阪府跡部遺跡では、埋めるにあたって銅鐸をきれいな土で包んであったと述べ、島根県荒神谷遺跡では壙を明黄色の粘質土で覆っている。

森によると、『玉籤集（ぎょくせんしゅう）』裏書きに、熱田神宮の神官が草薙の剣の箱を開けると赤土で包んであり、その赤土を取り払うと次の箱があって、もう一度赤土で包んであった。つまり、ご神体の入っている箱までに「二回容器を赤土にて包めり」という記述がある、とされる[16]。特殊な土で覆うのは呪的力を封じるためかもしれない。

銅鐸は風葬の地に、×印を付けられたり、土でくるまれたりして、裸で（布などに包まれずに）、異常死を思わせる非日常的な姿勢で埋葬された。つま

第8表　銅鐸の複数埋納例の組合わせ
（桑原[6]を一部改変）

旧国	遺跡	菱環鈕	外縁鈕 1	外縁鈕 2	扁平鈕 1	扁平鈕 2	突線鈕 1	突線鈕 2	突線鈕 3	突線鈕 4	突線鈕 5
出雲	荒神谷	1	5								
紀伊	地柄		5	1							
大和	長柄		1	1							
摂津	中山		2	1							
越前	井向	1	2	1							
山城	梅ヶ畑		2		1	2					
安芸	福田			2	2	1					
出雲	志谷奥			1	4	1	1				
但馬	気比				4	1					
和泉	流木				4	1	1				
大和	秋篠				1	1					
讃岐	安田				1	2	1	2			
石見	上府				1	2	2				
備前	百枝月				2	2					
尾張	楽田					2					
伯耆	小田				1	2	1				
丹波	野々間				1	2	1	7			
摂津	桜ヶ丘			2	2	3	1	7			
阿波	長者ヶ原				1	1	1	3			
阿波	安都真				1	1	3	1			
河内	四条				1	1	1	1			
近江	山面				1	1	1	1			
飛騨	上呂				1	1	1				
讃岐	西谷				1	1	2				
阿波	の曲り					1	2	7			
阿波	椿河内					2	7	2			
紀伊	星堂					2	3				
紀伊	新宮石井谷					3	1				
河内	大和					3	3				
石見	中田				3	1	2	1	1		
阿波	源田川					2	1	1	3		
近江	大岩山						1	3	4		
土佐	韮生野								2		
丹後	下安久								2		
遠江	釣荒神山								2		
遠江	舟渡地								2		
遠江	敷地								2		
遠江	船木								2	1	
三河	奈木								2	2	
紀伊	伊莉									2	2
近江	大岩山 I								9		
遠江	白須賀									1	2

第4章　考古学資料をどのように解読するのか

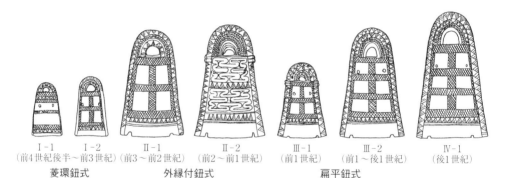

I-1　　　I-2　　　II-1　　　　II-2　　　III-1　　　III-2　　　IV-1
(前4世紀後半～前3世紀)(前3～前2世紀)(前2～前1世紀)　(前1世紀)　(前1～後1世紀)　(後1世紀)
　　菱環鈕式　　　　　　外縁付鈕式　　　　　　　扁平鈕式
　　　　　　　　　　　　　　　　　　　　　第64図　銅鐸の変遷

り、銅鐸は魂＝呪的力を持ち、それを封じられたということである (p.116参照)。
　兵庫県久田谷遺跡では大きな銅鐸が117の破片に割られて、破片が固めて埋められていた。愛知県椛(なぐさ)遺跡からは近畿式の大形の銅鐸2個体分が196片の破片となって出土している[17]。
　また、銅鐸の飾耳や鰭などの破片が30例確認されている。破片の大部分は近畿式銅鐸（第64図）で、その分布圏の全域で出土していることから、近畿式銅鐸に限って破砕行為がなされたと考えられている[17]。近畿式銅鐸はより直接的に「殺された」。

〈銅鐸埋納の時期〉
　春成は、複数の銅鐸が埋納されている例を整理して、菱環鈕式から扁平鈕式

第4節 銅鐸

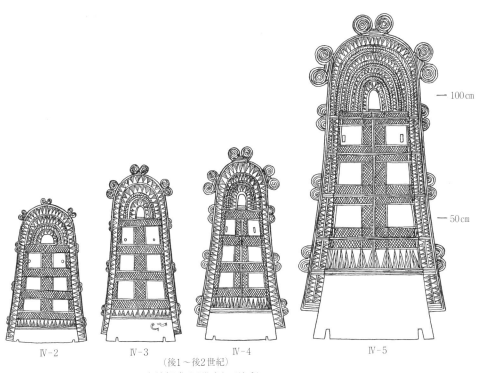

IV-2　IV-3　IV-4　IV-5
（後1～後2世紀）
突線鈕式（近畿式と三遠式）
（春成[4]を一部改変。年代も春成[4]による）

までの銅鐸群と、突線鈕1式から突線鈕5式までの銅鐸群の2つの銅鐸群に分類できることから、銅鐸は中期末頃と後期末頃の2時期に集中して埋納されたと考える[4]。

しかし、同じ資料を用いて桑原が作った第8表[6]からは、変遷は連続的で、2つの群に分かれるようには見えない。早い時期に入手した集落はそれを持ち続けて新たなものを入手しなかった。入手する時期が集落によって異なった。あるいは、新しく開かれた集落は新しい銅鐸を入手した。そして、銅鐸が長期間伝世した後に埋められたことは、銅鐸が個人に属するものではなかったことを示している。

田中卓は「銅鐸の製作年代はその銅鐸の使用の始まった時をほぼしめしても、けっしてそれが使用された期間をあらわさない。…たとえば摂津で外縁付鈕

169

1式銅鐸から突線鈕5式銅鐸まで出土しているばあいのように、一定の範囲の地域から製作年代の違う銅鐸が出土していることは、この国で銅鐸のまつりが始まったのが弥生時代中期のはじめであり、このまつりが国じゅうに普及するには後期の終わり近くまでかかったことをしめしていると解釈できる」と述べている[18]。

難波洋三も、埋納の方法が同じであることから、長期間へだてた2時期に限って埋納がなされた可能性は低いと考えている[19]。入手した時期が異なる様々な銅鐸が後期末に一斉に埋められたのだろう。

〈銅鐸の形・機能〉

銅鐸の形の変遷は、第64図のようである[4]。

とりわけ突線鈕式のころから大きくなり（第65図）、裾が高く、鈕は幅広く、幅広くなった鰭に付けられた耳も巨大化し、江戸の大名の宝篋印塔のように下から仰ぎ見るような形状になる。断面も円形に近くなって据え置くのに適している。それと並行して、初期にはつるす機能を持っていた鈕の形状はしだいに非実用的になり、鳴らすための内側の突帯は細く低く痕跡的になる。徳島県畑田銅鐸には内面の突帯が見られない。ただし、それは近畿式への変化で、三遠式の7割の内面突帯は使用によって平らになっているとされる。

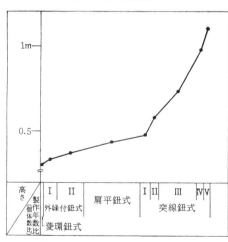

第65図　銅鐸の大きさの変遷[18]

難波によると、身が比較的分厚い菱環鈕式や外縁付鈕1式の銅鐸はかなり良い音がしたと思われるが、薄くなるにつれて音が悪くなり、「バケツを叩いたような音」しかしなかった[19]。

もし、銅鐸を鳴らすことに、神を呼ぶなどの重要な意味があったのなら、その機能が失われることはなかっただろう。

神の象徴なら、巨大化して装飾豊かになることはない。巨大化・

第4節　銅鐸

装飾化には江戸の宝篋印塔がそうであったように、他者に対する威圧の意味が含まれている。つまり、とりわけ突帯鈕式のころから、銅鐸は呪的力を持つ威圧具になっていく。

〈作られた数〉

　春成と佐原は、作られた銅鐸の数を2000から3000個[14]、石野は4000、森は数千から1万個近くを推定している[16]。つまり、畿内とその周辺のほとんどの集落は銅鐸を持っていたことになる。

　田中卓は、各型式の銅鐸の数から、弥生前期末に始まった銅鐸の製作は、その後とくに顕著な増減もなく、連続して行なわれていた。つまり銅鐸は徐々に広がっていったと考える[18]。

〈銅鐸の分布〉

　第66図のように、見る銅鐸（突線鈕式2以後としている）と聞く銅鐸では分布が異なる。

　畿内から離れるにつれて、大きく装飾豊かな「見る銅鐸」の比率がしだいに多くなる傾向があり、土器から、近江も東海地方の文化的な影響下にあった土地であるとされる[18]。

　土佐から出土している銅鐸10個のうち8個が「見る銅鐸」で、同じような状況は紀伊でも認められる[18]。

　つまり、大形の装飾豊かな銅鐸は製作地である畿内ではなくむしろ周辺部に見られる。ということは、銅鐸は畿内の集団の他の集団に対する威信具ではなかったということである。銅鐸の製作地で銅鐸を集積した痕跡も

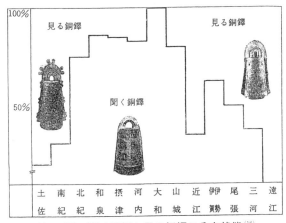

第66図　聞く銅鐸と見る銅鐸の分布状態[18]

171

第4章 考古学資料をどのように解読するのか

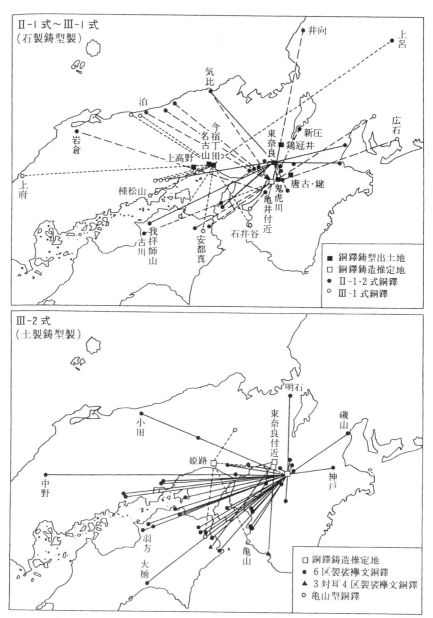

第67図 銅鐸の鋳造地と製品の移動推定図[4]（分布は海寄りが多い）

ない。また、畿内で作られて配られているから（第67図）、新たに手に入れる
集落どうしで競争するための威信具とも考え難い。さらに、近江や東海、土佐
や紀伊に埋めることが「北九州の勢力」に対する（呪詛する）ものとは地理的
に考え難い。では、周辺部の誰に対する威信具だろうか。渡来人＝弥生人が、
勢力＝耕作地を広げていく中で、とりわけ周辺部では、縄文人に対してより力
の強い威信具＝呪物が必要とされたのではないだろうか。ただし、埋納の時期
やその方法の均一性からみて、縄文人に贈与されたものではない。

〈交易か贈与か〉

　田中は、弥生時代はグライ土壌群と灰色土壌群とよばれる土壌条件の土地だ
けが水田として開発され、この土壌群は、畿内のばあいには、広大な沖積平野
の70％以上の面積を占めているという。そして、次のように計算する。

　奈良盆地では、グライ・灰色土壌群をあわせると、ほぼ1万6000ha ある。
1個の銅鐸の背後に、銅鐸のまつりを行なった1祭祀集団があったとすれば、
大和では14群の祭祀集団の存在を推定できる。単純な計算を行なえば、1祭
祀集団をささえていた水田は、1000ha 以上の広さがあったということがで
きる。

　一方、摂津でも、銅鐸出土地の東端の西宮市津門から西端の神戸市垂水区投
上の銅鐸出土地までのほぼ30kmの距離に20個の銅鐸が出土している。そして
この六甲山脈南麓では、海岸までの平野部は幅1km内外にすぎず、六甲山脈南
麓地域の祭祀集団が基盤としてもちえた水田は、大和の10分の1以下の狭小
なものであったと想定される。

　もっとも極端な例では、和歌山県田辺市の北方、南部川流域付近に、土壌か
らみて150ha 程度の水田が推定される。ここに7個の銅鐸が出土している。1
つの銅鐸の背後に1祭祀集団を考えるとすれば、この地域の1つの祭祀集団は、
20ha ほどの水稲可耕地を基盤に持っていたにすぎない[18]。

　銅鐸の総数は2000個以上と多く、水稲可耕地のごく小さな集団でも持って
いるということは、銅鐸は何らかの経済的価値のあるものを代価として入手さ
れたのではなく、贈与されたと考えられる。春成によれば、銅鐸鋳造地と埋納
地との関係は第67図のようである[4]。なんらかの畿内の政治的・経済的・文

173

第4章　考古学資料をどのように解読するのか

化的な有力集団が銅鐸を鋳造し、それを周辺部の集落に贈与したのだろう。このことは銅鐸が多分に政治的な意味を持っていたことを示している。

〈まとめ〉

銅鐸はその分布圏内の文化・政治・経済的領域に属していることの証で、贈与した畿内の集団との呪的つながりを示すものだったのだろう。

弥生時代の終わりころに世界を更新するような政治体制の変化が起こった。旧い体制が終わり、その体制に属していた証であり、集落を呪的に守ってきた銅鐸を埋葬して、その価値の源泉だった呪的力を封じた。

何が起こったのか。分かりやすいのは、三品や春成などが述べたように、新たな強大な政治権力と象徴的世界、邪馬台国と卑弥呼の登場である。そして、新たな世界、古墳の時代が到来した。

［参考文献］

1　佐原　眞　1974「大陸文化と青銅器」『古代史発掘　5』講談社

2　三品彰英　1972「銅鐸小論」『朝鮮学報』第49冊　朝鮮学会

3　三品彰英　1968「民俗学上よりみたる銅鐸」『神戸市桜ケ丘銅鐸銅戈調査報告書　兵庫県文化財調査報告第1冊』兵庫県教育委員会

4　春成秀爾　2011「4. 銅鐸と社会」『祭りと呪術の考古学』塙書房

5　寺沢　薫　1992「銅鐸埋納論（下）」『古代文化』第44巻6号　古代学協会

6　桑原久男　1995「弥生時代における青銅器の副葬と埋納」『古墳文化とその伝統』勉誠社

7　春成秀爾　2002「8　銅鐸と社会」『古代を考える　稲・金属・戦争』吉川弘文館

8　寺沢　薫　1992「銅鐸埋納論（上）」『古代文化』第44巻5号　古代学協会

9　桜井徳太郎　1988『民間信仰の研究（上）〈桜井徳太郎著作集3〉』吉川弘文館

10　中村秀重　1977「古代の境界神」『仏教民俗学研究』第4号　仏教民俗研究会

11　竹岡俊樹　1996『日本民族の感性世界』同成社

12　白石昭臣　1977『日本人と祖霊信仰〈日本の民俗学シリーズ3〉』雄山閣

13　岩崎敏夫　1991「山と日本人の祖霊観―はやま信仰の周辺―」『祖霊信仰』〈民衆宗教史叢書第26巻〉雄山閣

14　佐原眞・春成秀爾　1997『出雲の銅鐸―発見から解読へ―』NHKブックス　日本放送出版協会

第 4 節　銅　鐸

15　樋上　昇 2003「Ⅱ‐1. 八王子銅鐸発掘記」『銅鐸から描く弥生時代』学生社

16　森浩一・石野博信 1994『〔対論〕銅鐸』学生社

17　進藤　武 2002「Ⅱ‐4. 近畿式銅鐸と三遠式銅鐸」『銅鐸から描く弥生時代』学
　　生社

18　田中　琢 1970「「まつり」から「まつりごと」へ」『古代の日本　第5巻　近畿』
　　角川書店

19　難波洋三他 2002「Ⅲ 討論　銅鐸から描く弥生時代」『銅鐸から描く弥生時代』
　　学生社

あとがき

　資料をよく見ること、分析すること、論理的であること、そして、文化についての知識を蓄積することが考古学を行なうための基本である。

　これまでの考古学との違いに戸惑ったかもしれない。本書の成り立ちについて述べておく。

　石器は香川県国分台遺跡で学んだ。南斜面のミカン畑の白い凝灰岩の風化土の上にも、台地上の赤っぽい粘土質の土の上にもサヌカイトの原石や偽石器や石器が無数に散らばっていた。初めの頃は整った形の石器しか分からなかった。次第に剥離面が見えるようになって、石核や剥片も分かるようになると、見る度に目から鱗がぼろぼろと落ちるのを感じた。

　小学生のころから、国語学者だった父に日本語文法や古典をしこまれ、フランス言語学や構造主義は身近なものになった。私はずっと言語構造主義者だった。

　大学3年の頃から、現状の考古学に疑問を持つようになった。1970年を過ぎて、反体制だったはずの者たちも体制の中に散っていった。大学院に入って文化変容のモデルを作るために関東一円の宝篋印塔を集め始め、本書の題名でもある『考古学基礎論』という雑誌を明治大学と筑波大学の大学院生たちと発刊した（私の在仏中に休刊）。

　1973年にアンドレ・ルロワ＝グーランの『身ぶりと言葉』（新潮社）に出会い、先史学・考古学の可能性を知った。

　フランス政府の給費を得るための推薦状を、パリの人類博物館の館長だったルロワ＝グーランからもらったが、彼はまもなく病に倒れ（授業はコレージュ・ド・フランスで受けた）、代わって館長になったアンリ・ド・リュムレイの推薦状でパリに行くことになり、否応なく、私は石器を続けることになった。

　「料理の三角形」を読んで以来憧れだったクロード・レヴィ＝ストロースの講義を日本で聞いたのはこの頃だった。

　1980年にド・リュムレイが創設した大学院での、朝8時から夜8時までの先史学・考古学の授業、病院での人体解剖や諸研究所での年代測定、当時ヨーロッパ最大のコンピュータを用いての属性分析の授業は、日本の大学院での

あとがき

教育と比べるととてつもないものだった。私は初めて大学で教育というものを受けたと思った。

　ド・リュムレイは歴代の大統領と結びついた野心的な学者だった。しかし、毎日夜の8時から10時まで学生たちに石器の見方を教え、一緒に属性を記述した。これほど学生を教育することに熱心な学者は見たことがない。

　しかし、学問はその国の歴史と伝統という土壌に根ざしている。その土壌を知らなければ本当に理解することはできない。石器の属性の概念にすらつまずいた。日本には対応する概念がない、あるいは概念がずれている。本当に理解するためには小学校から行き直さなければだめだろう。しかし、私がフランス人になってどうなる。構造主義者だった私は結局フランス型式学と別れた。それでも私はド・リュムレイから石器を資料化するための徹底的な方法を学んだ。

　帰国すると、日本の考古学界は藤村新一の「前期旧石器」に沸き立っていた。

　1989年に、石器についての研究をまとめた『石器研究法』を上梓した。1970年代にはまだ見られた分析的な傾向は「前期旧石器フィーバー」と、資料分析を全く行なわない「理論考古学」の流行によって消え失せていた。私の望みとは反対の方向に研究者たちは走っていた。

　1994年には宮城県上高森で「50万年前の埋納遺構」が発見され、珍妙な論文が現れ、もう学問の時代ではなかった。

　1996年には考古学資料を解読するために、日本の資料を用いたモデル『日本民族の感性世界』を上梓したが、反応は全くなかった。失望することにはもう慣れていた。

　2000年に、私の論文を発端に「前期旧石器時代遺跡」の捏造が発覚し、日本の旧石器時代研究は瓦解した。その時、考古学研究者は見ることと分析することの重要性と、自然科学的手法への安易な依存の危険性を思い知ったはずである。

　その後も状況は何も変わっていない。考古学は学問的にも停滞したままである。この状況から脱するために、とりわけ若い研究者と考古学を志す学生のために本書を上梓する。理解し実践すれば必ず新しい歴史観と文化論を構築するための道は開けるだろう。

（令和元年6月1日）

索　引

【あ行】

遊部　104, 105
安永型（宝篋印塔）　63 〜 65
アンドレ・ルロワ＝グーラン　116,
　119, 177
安蒜政雄　129, 135
アンリ・ド・リュムレイ　17, 177
威圧　66, 171
家の下遺跡（秋田県）　131 〜 133, 135
石　7, 8, 16, 59, 70, 102, 105, 117, 118,
　123 〜 126
石井寛　89, 90
威信（一具）　66, 163, 171, 173
位相（一分類）　96 〜 103, 109 〜 111,
　120
磯前順一　151, 159
板付遺跡（福岡県）　69, 70
板付Ｉ式土器　71, 72, 74, 76, 79, 88
市　110, 111, 113, 119
夷狄　86
稲田孝司　37, 40, 42
内世界（日常世界）　96 〜 103, 106,
　107, 109, 110, 112, 127
右脳　45, 46, 51
産衣　108, 109
産屋　99, 103, 107
AMS 炭素 14 年代測定　140, 142
似非学問　139
江戸系（宝篋印塔）　60 〜 62, 64 〜 66
蝦夷　86, 87
延宝型（宝篋印塔）　63, 64
往生要集　120, 122, 127
大井晴男　30, 32, 34, 35
小鹿坂（埼玉県）　15
岡本勇　31, 35, 151

【か行】

お天道様　98, 101
斧形石器　18, 134, 135
オラショ　66, 87

科学　12, 50, 51, 151
科学技術　51
鏡　103
神楽　105, 106, 109
籠　101, 126
加生沢遺跡（愛知県）　13, 14, 20
刀　104, 105, 112, 117
かつぎ（被衣）　101, 102
金子照彦　150, 159
被り物　101
鎌　99, 102, 117
鎌倉系（宝篋印塔）　58 〜 61, 64, 65
神棚　98, 100, 102
神谷原遺跡（東京都）　146, 148, 155,
　156, 159
仮門　102
寛永型（宝篋印塔）　60, 61, 63 〜 66, 76
考えること　48, 50, 51
環状ブロック群　129 〜 131, 133 〜 136
環状集落（一址）　129 〜 131, 133, 135
　〜 138, 140, 141, 143, 144, 146 〜 149
環状列石　48, 143, 144, 149
感性的（一世界・一属性）　5, 6, 51, 52,
　66, 111
間接打撃による石刃技法　19, 27, 42, 67
記号　31, 34, 94, 111, 123, 124, 126
記号化　17, 95
記号の価値　51, 52, 90, 91, 96, 152
記号的世界　113, 114
疑似茂呂系ナイフ形石器　68
擬朝鮮系無文土器　76 〜 78

179

索　引

旧石器時代人の「石器分類」　24, 27
境界領域　96, 97, 99, 101, 111, 162, 164
供犠　123 〜 125, 127, 159
行政組織　94, 95
享保型（宝篋印塔）　63, 64
凶癘魂　104. 105
浄めの場　111
切出形石器文化　53, 67, 68
儀礼　48, 96, 97, 101, 103, 107, 109, 110,
　117 〜 120, 124 〜 127, 138, 149, 151,
　152, 158, 159, 161, 163
雲　106, 108, 109, 150
黒尾和久　139 〜 143, 146, 148, 149
黒川式（一期・一土器）　72 〜 75
クロード・レヴィ゠ストロース　138,
　139, 177
珪岩製前期旧石器　9, 10
型式　7, 8, 22, 29 〜 37, 57, 63, 65, 66,
　87, 140, 143, 149, 171
型式学　21, 25, 29 〜 33, 35, 36, 53, 54,
　57, 58, 63, 65, 87, 178
形質人類学　81 〜 85
系統的個体識別法　11, 19
研究者の「器種分類」　24, 25, 27, 29
言語（一化）　46, 47, 51, 52
元和型（宝篋印塔）　60, 63, 65, 66, 76
国府系ナイフ形石器　38, 68
国府系文化　67, 68
構造変動　38, 42
高野山系（宝篋印塔）　59 〜 62, 64, 65, 76
国分直一　149, 159
穀霊　161, 162, 165
小菅将夫　130, 135
古代の市　110, 119
ことば　5, 6. 47, 51, 52, 77, 97, 110, 120,
　121, 123, 125, 126
小林行雄　33, 36
小林謙一　33, 36, 139, 141 〜 143, 148, 149
小林達雄　43, 90, 139, 151〜153, 159, 160

小松石　56, 58, 59
混血　81, 84, 85

【さ行】

祭壇　107, 125, 126, 154, 156
逆（一さま・一水）　100, 116, 118, 166
佐藤宏之　11, 12, 14, 20, 40, 42, 43, 89,
　90, 91, 130, 135
サヌカイト　67, 68, 177
左脳　46, 51
左右（2つ）の手　44, 46, 51
3回廻　102, 103
産婦　97 〜 99, 102
視覚概念　5
持衰　102
支石墓　71, 84, 86, 88
「自分」　50 〜 52
下條信行　69, 70, 77, 79, 80, 81, 88
十文字　101, 112
呪術　111, 150 〜 152, 159, 161, 174
呪的意味　135
呪的力　103, 167, 171, 174
「呪的な」土地所有概念　135
象徴　126, 150, 151, 170
象徴的世界　127, 138, 152, 158, 174
成巫儀礼　107, 109
縄文人　8, 9, 49, 52, 69, 71, 75, 77, 79,
　81 〜 88, 136, 139, 148 〜 151, 158,
　159, 160, 173
白石浩之　130, 135
死霊　96, 98, 100 〜 103, 105, 106, 116,
　165, 167
白い紙　98
進化論　11, 31
新方遺跡（兵庫県）　86
新町遺跡（福岡県）　71, 86
人面石器　7 〜 9, 29
神霊　96, 106, 107, 109, 116, 161, 164
神霊化　105, 107

神 話　48, 120, 122, 123, 125, 127, 143,
　158, 159, 165,
神話（的）世界　120, 122
水田（─稲作・─農耕）　68, 69, 71, 84,
　85, 162, 173
水稲（─可耕地・─耕作）　161, 173
杉久保系文化　19, 20
杉久保系ナイフ形石器　20
杉原荘介　10, 20, 30, 34, 35
鈴木公雄　30, 32, 35
鈴木次郎　38, 40, 43
須藤隆司　130, 135
諏訪間順　40, 43, 68
生口　87, 88
生態適応　40, 52, 139
青銅（─器・─時代）　48, 49, 72, 73,
　84, 163, 174
精霊　149 〜 151
世界分類（位相分類）　96, 97, 120
石棒　48, 154, 156, 157, 160
石器製作工程　20, 25, 68
接合（─関係・─資料・─面）　72,
　130, 131, 134, 141, 142, 146, 153 〜 157
瀬戸内技法　67, 68
芹沢長介　9 〜 12, 20
前期旧石器捏造事件　7, 17
前近代の世界構成　97
千羽鶴　114 〜 116
装飾（─化・─性）　6, 32, 54, 60, 61,
　66, 126, 139, 170, 171
贈与　119, 173, 174
「素刃石器」　11, 12, 40
外世界（想像上の世界）　96, 97, 100 〜
　102, 106, 109, 110, 112, 120 〜 122, 127,
　164
祖霊　116, 139, 165
祖霊信仰　120, 138 〜 140, 158, 165, 174

【た行】

「台形様石器」　11, 12, 14, 15, 40
高盛飯　98
立石遺跡（岩手県）　152, 154, 157, 160
谷　165, 166
魂（霊魂）　116 〜 118, 120, 126, 127, 151,
　167
多摩蘭坂遺跡第 8 地点第 1 文化層（東
　京都）　14, 20
茶碗　98, 100, 101
聴覚概念　5, 6
長者久保遺跡（青森県）　18, 19, 21
付喪神　116
辻　97, 101, 111, 112, 119, 164
辻切　112
鉄器　49
手と脳　44, 45, 49, 51, 52
手ぬぐい　98, 100, 101
テラ＝アマタ遺跡（フランス）　25, 26
天蓋　103, 106 〜 109
洞窟壁画　47, 127, 152
銅鐸　49, 160 〜 168, 170 〜 175
土器　148, 154, 156 〜 159, 164, 171
土偶　48, 71, 149 〜 160
徳政一揆　112 〜 114
ドゴン族　122, 124 〜 126
戸沢充則　32, 33, 36, 38, 129, 135
都市国家　50
土地の分類　93, 94
土地の呪的占拠　148
土地の占拠の仕方　145
共食　99
渡来人　68 〜 70, 75 〜 77, 79, 81, 82, 84
　〜 86, 88, 96
度量衡　94

【な行】

中橋孝博　81, 88

181

索　引

永峯光一　151, 152, 159
菜畑遺跡（佐賀県）　70
名前　5, 6
二極構造　40, 42
人形　115, 116, 118, 150, 158
人間　5, 9, 10, 30, 31, 37, 43, 51, 52, 89,
　115, 117, 118, 123, 124
認識（一論）　1, 2, 5, 7, 24, 29 ～ 31, 46,
　94, 113, 126, 129, 135
認知（一論）　2, 5, 7, 9, 12, 22, 29, 129
野川遺跡（東京都）　38, 43
野口義麿　152, 159
能登健　150, 153, 159, 160

【は行】

白衣　100, 101, 107
剝離技術　16, 17, 27 ～ 29, 81
剝離面　14 ～ 17, 46, 177
伐採石斧　70, 77, 80, 81
×（一印）　100, 103, 104, 166, 167
土生遺跡（佐賀県）　76, 77
破片　153 ～ 157, 159, 163, 168
刃物　101 ～ 103
林謙作　31, 35
隼人　84, 86 ～ 88
原田昌幸　150, 159
引幕　102, 106
人の分類　92 ～ 94
領巾　108
風葬　164 ～ 167
フェイズ　142, 143
藤沼邦彦　150, 153, 159
藤村新一　11, 15, 90, 178
藤村東男　154, 160
祓浄　99, 100, 111
フランソワ・ボルド　25, 26
ブロック　129 ～ 136, 148
文化接触　53, 66, 76
分割塊製作法　153

分散　131 ～ 135, 146, 157 ～ 159
平均住居数　140, 141, 149
幣束　108, 117
別火　102
箒　101
宝篋印塔（江戸時代）　54, 55, 57 ～ 66,
　76, 87, 90, 170, 171, 177
母岩別資料　129, 131, 134
ポトラッチ　163
ホモ・エレクトス（原人）　44
ホモ・サピエンス（新人）　42, 47, 48,
　68, 116
ホモ・ハイデルベルゲンシス（旧人）
　44, 47 ～ 49, 67, 68
ホモ・ハビリス（猿人）　44, 49

【ま行】

埋納遺構　15, 89, 90
曲り田遺跡（福岡県）　70, 74, 77
真床覆衾　109
三阪一徳　71, 75, 88
禊　99, 100, 102, 107
宮尾亨　143, 144, 149
民部省　95, 96
殯　103 ～ 105, 107
殯所　104
殯宮　104, 105
殯屋　102, 104 ～ 107
文字　50
モデル　2, 31, 53, 84, 87, 89, 90, 129, 151,
　177, 178
物忌　99, 102
ものの分類　94
模倣（一品）　48, 53, 68, 85
茂呂系ナイフ形石器　40, 42, 68
茂呂系文化　41, 42, 68

【や行】

矢島國男　38, 40, 43, 87

山　99, 105, 117, 126, 161 〜 165, 171
山中一郎　22 〜 24, 29, 35
山内清男　18, 19, 21, 32 〜 36
弥生人　69, 76, 77, 81 〜 85, 88, 161, 173
唯物論　11
唯物史観　37
夜臼式土器　71, 84
夜臼Ⅰ式土器　71, 73 〜 75
様式　33, 35
黄泉の国　98, 100
黄泉戸喫　98

【ら行】

律令国家　86, 91, 92, 95, 96
流行　66, 152
「理論考古学」　11, 12, 20, 40, 90, 139, 178
ルイス・ビンフォード　89, 90
ル・ラザレ遺跡（フランス）　25, 26
論理　46, 47, 51
論理・記号的世界　51, 52, 90, 91, 96

【わ】

ワタシ　50 〜 52
綿帽子　101

■著者紹介

竹岡 俊樹 （たけおか　としき）

1950年　京都府生まれ
1973年　明治大学文学部考古学専攻卒業
1980年　筑波大学歴史人類学研究科博士課程単位取得退学
1984年　パリⅥ大学博士課程修了
パリⅥ大学博士（先史学）

〈主要著書〉
『石器研究法』（言叢社 1989）、『日本民族の感性世界―考古学から文化分析学へ―』（同成社 1996年）、『「オウム真理教事件」完全解読』（勉誠出版 1999年）、『図解日本列島旧石器時代史』（勉誠出版 2002年）、『石器の見方』（勉誠出版 2003年）、『旧石器時代の型式学』（学生社 2003年）、『前期旧石器時代の型式学』（学生社 2005年）、『旧石器時代人の歴史―アフリカから日本列島へ―』（講談社選書メチエ 2011年）、『旧石器時代文化研究法』（勉誠出版 2013年）、『石器・天皇・サブカルチャー―考古学が解く日本人の現実―』（勉誠出版 2014年）、『考古学崩壊―前期旧石器捏造事件の深層―』（勉誠出版 2014年）『考古学が解く混迷の現代　オウム事件の本質』（勉誠出版 2018年）ほか

2019年6月25日　初版発行　　　　　　　　　　　　　《検印省略》

考古学基礎論 ―資料の見方・捉え方―

著　者　竹岡俊樹
発行者　宮田哲男
発行所　株式会社 雄山閣
　　　　東京都千代田区富士見2-6-9
　　　　ＴＥＬ　03-3262-3231／ＦＡＸ　03-3262-6938
　　　　ＵＲＬ　http://www.yuzankaku.co.jp
　　　　e-mail　info@yuzankaku.co.jp
　　　　振　替：00130-5-1685
印刷・製本　株式会社 ティーケー出版印刷

©Toshiki Takeoka 2019　　　　　　　ISBN978-4-639-02660-0 C3021
Printed in Japan　　　　　　　　　　N.D.C.210　184p　22cm